珍藏本
纪念版

汉译世界学术名著丛书

社会主义神髓

〔日〕幸德秋水 著

马采 译

商务印书馆
SINCE 1897 The Commercial Press
2017年·北京

幸德秋水　著

社会主义神髓

据东京岩波书店“岩波文库”1953 年版译出

汉译世界学术名著丛书
（120年纪念版·珍藏本）
出 版 说 明

2017年2月11日，商务印书馆迎来120岁的生日。120年前，商务印书馆前贤怀揣文化救国的理想，抱持“昌明教育，开启民智”的使命，立足本土，放眼寰宇，以出版为津梁，沟通中西，为中国、为世界提供最富智慧的思想文化成果。无论世事白云苍狗，潮流左右激荡，甚至战火硝烟弥漫，始终践行学术报国之志，无改初心。

逐译世界各国学术名著，即其一端。早在20世纪初年便出版《原富》《天演论》等影响至今的代表性著作，1950年代后更致力于外国哲学和社会科学经典的译介，及至1980年代，辑为“汉译世界学术名著丛书”，汇涓为流，蔚为大观。丛书自1981年开始出版，历时三十余年，迄今已推出七百种，是我国现代出版史上规模最大、最为重要的学术翻译工程。

丛书所选之书，立场观点不囿于一派，学科领域不限于一门，皆为文明开启以来，各时代、各国家、各民族的思想与文化精粹，代表着人类已经到达过的精神境界。丛书系统译介世界学术经典，引领时代思想，为本土原创学术的发展提供丰富的文化滋养，为推动中国现代学术和现代化进程做出了突出的贡献。

为纪念商务印书馆成立120周年，我们整体推出“汉译世界学术名著丛书”120年纪念版的珍藏本，寄望既利于文化积累，又便于研读查考，同时向长期支持丛书出版的译者、编者和读者致以敬意。

两甲子后的今天，商务印书馆又站在了一个新的历史时间节点上。我们不仅要铭记先辈的身影和足迹，更须让我们的步伐充满新的时代精神。这是商务人代代相传的事业，更是与国家和民族的命运始终紧密相连的事业。我们责无旁贷，必须做好我们这代人的传承与创造，让我们的努力和成果不仅凝聚成民族文化的记忆，还能成为后来人可以接续的事业。唯此，才能不负前贤，无愧来者。

商务印书馆编辑部

2017年10月

译者前言

幸德秋水(1871—1911)是日本近代著名的社会主义运动和反帝反战斗争的先驱者和组织者之一。他从资产阶级革命民主主义出发,参加了自由民权运动;在前世纪末期,接触到社会主义思想,显示了他在当时条件下对马克思主义的一定程度的理解;到了1905年前后,转变成为无政府主义者;最后在1911年年初,作为日本反帝反战的第一个牺牲者,作为反抗日本天皇制的坚强不屈的一名战士,踏上绞刑架,结束了他不到四十年的短促的一生。

幸德秋水于1871年生于日本高知县幡多郡中村町一个药材商人家里,本名传次郎,秋水这个称号,是后来他的老师中江兆民给他起的。(按秋水二字,出自《庄子》"秋水时至,百川灌河",故他后来有《时至录》之作,收入盐田庄兵卫编《幸德秋水的日记与书简》。)秋水生下来不久,父亲去世,家道贫苦。八岁,入木户明的修明会舍,受汉学的教育。秋水在很小的时候,就表现了他对政治的敏感,1886年当他十五岁的时候,就和林有造、板垣退助等当时自由党著名人士交游,参加自由民权运动。1887年十六岁,因为触犯了伊藤内阁的所谓"保安条例",和当时五百七十多名政治活动家一起,被逐出东京,所作汉诗《为逐客归》有"抚剑辞凤阙,抛书归故乡"之句。1888年在大阪由友人介绍拜当时著名革命民主主义者中江兆民为师，从此受到了兆民思想的决定性的影响。

1893 年，秋水参加中江兆民主办的“自由新闻社”，开始他的新闻记者生活。1895 年 5 月，他回到东京，参加“中央新闻社”。在这些时候，他还没有跳出资产阶级民主主义和人道主义的圈子，但从 1898 年 2 月参加《万朝报》工作起，便开始接触到社会主义思想，逐步加深对社会主义的认识，最后坚定了作为一个社会主义者的信心。(《我是一个社会主义者》，《万朝报》1901 年 4 月 9 日。)

这个时期正是日本资本主义在中日战争(1894 年)后迅速地向着帝国主义阶段发展时期。1900 年，日本扮演了“远东宪兵”的角色，率先出兵中国，镇压义和团运动。后来又为了窥伺我国东北，造成了与帝俄直接冲突的危机。1902 年的日英同盟，进一步加速了日俄战争的爆发。明治初年，在政府保护下的日本大地主、大资产阶级，更加加紧了他们同军阀、官僚等封建势力的勾结。同时，日本的无产阶级也逐渐成长，提高了政治觉悟，一部分开始朝着与社会主义结合的方向前进；并以“社会主义研究会”(1898 年)和“社会主义协会”(1900 年)为中心，对社会主义理论进行了有系统的研究。有关社会主义的译著，无论在数量方面或质量方面，都有所提高。到了 1901 年，由六名社会主义先进分子组成的“社会民主党”宣布成立，但在宣布成立的当天就被当时政府勒令解散了。

幸德秋水在这个时期，积极参加“社会主义研究会”、“社会主义协会”和“社会民主党”的建党活动。他在这个时期的著作有揭露帝国主义罪恶的《二十世纪的怪物——帝国主义》(1901 年)、追忆他的老师中江兆民的《兆民先生》(1902 年)、评论集《长广舌》

(1902 年)和社会主义理论著作《社会主义神髓》(1903 年)等。这些著作反映了日本社会随着资本主义的发展而发生的巨大变化,也反映了秋水本人从资产阶级革命民主主义者过渡到社会主义者的思想上的不成熟和一定的偏向。

在这以前,秋水在《万朝报》上发表的重要论文还有:《社会人权的认识》、《社会腐败的原因及其救治》、《是破坏主义吗?是乱民吗?》、《胃腑的问题》和《劳动问题与社会主义》等等。

1903 年 7 月出版的《社会主义神髓》,是秋水关于社会主义的较有系统的著作。这部书虽然在其对马克思主义的理解中,夹杂着许多严重的缺点,但贯穿全书的基本论点,是企图说明《共产党宣言》和《社会主义从空想到科学的发展》所表述的马克思的科学社会主义,而且在事实上确实收到了很大的宣传效果。日本一般评论家都认为这是日本早期社会主义的重要著作,标志着本世纪开头日本社会主义理论所能到达的最高水平,和同年出版的片山潜的《我的社会主义》并称为日本明治时代社会主义的代表文献。

本书由七章组成。第一章《绪言》说明产业革命的结果,带来了华美、光辉灿烂的近代文明,而同时另一方面,又出现了黑暗和多数人不得不陷于贫困的社会矛盾,提出"谁能解决这个矛盾"的问题来。接着在第二章找出"贫困的原因",是由于"分配不公","一切生产资料、即资本和土地全归资本家和地主所垄断",克服贫困的办法是只有"把一切生产资料从地主和资本家手中剥夺过来,移交给社会人民公有"。第三章讨论"产业制度的发展",说明了地主、资本家所统治的社会秩序不是永远不变的,概括地叙述了人类社会有规律地从原始共产社会向奴隶制社会、封建社会、资本主义社会的发展过程。在资本主义社会的分析中，指出了资本家和工人的阶级对立和斗争，由生产的无政府状态带来的经济危机的周期性爆发和产业预备军的出现等各种特征；简略地说明了作为商品的劳动力创造价值的马克思的剩余价值理论；指出了资本集中采取股份公司、同业者大同盟、托拉斯等形式继续发展，到了垄断资本主义阶段，社会的生产和资本家的私人占有的矛盾达到了顶点，酿成了社会的“一大转变”，并宣告“新时代就要到来”。

第四章以下对社会主义社会做了一些解说。第四章《社会主义的主张》全面引用非马克思主义者的美国社会学教授伊利的学说，拿来作为描绘他当时所能理解的社会主义理想的蓝图，提出社会主义的四个基本原则：第一，“生产资料，即土地、资本的公有”；第二，“生产的公营”；第三，“社会收入的分配”；第四，“社会收入的大部分归个人私有”。第五章《社会主义的贡献》除说明了社会主义的必然性和社会主义制度的优越性外，还反驳和解释了一些对社会主义的攻击和误解。然而他的解释也夹杂着某些不确切或不妥当的论断，例如他强调“社会主义要废止衣食的竞争，实行智德的竞争”，“社会主义一方面是民主主义，另一方面又意味着伟大的世界和平主义”等等。

在第六章《社会党的运动》中，秋水提出了实行社会主义的具体方案。他一方面正确地认为“古往今来什么时期没有革命？世界上哪个国家没有革命？社会的历史就是革命的记录，人类的进步就是革命的结果”，另一方面却又认为“革命是天然，不是人为”，只要实行普选，依靠议会，争得议会的多数，就可以“堂堂正正地、和平地埋葬资本主义制度，宣告马克思所说的‘新时代的诞生’，犹如水到渠成”。这里既反映了他的机械唯物论的观点，也暴露了他的关于从资本主义社会到社会主义社会的和平过渡思想。正因为他缺乏马克思主义的阶级斗争和无产阶级革命的观点，所以当革命受到残酷镇压、运动遭受严重挫折的时候，他就完全陷入小资产阶级知识分子的义愤填膺，悲观失望之中，并一变而为无政府主义者。此外，秋水还认为“社会的状态总是代谢不已，犹如生物的组织进化不已一般”，把革命看做自然和必然的社会发展的一个阶段，其结果就不可避免地陷于简单地把生物进化的原理应用到人类社会的社会进化论——社会达尔文主义。

秋水的这个偏向，还可在第三章说明社会发展过程时看得出来。在那里，他引用了恩格斯在《共产党宣言》1888 年英文版序言中所概括的著名的唯物史观公式——“每一历史时代主要的经济生产与交换方式及其所必然决定的社会结构，是该时代政治历史和该时代智慧发展史所由以确立的基础；只有根据这一基础出发，才可以说明这个历史时代”——上半段之后，接着便叙述各社会的发展过程，而把最重要的原文下半段削去了，这就是：“因此（从公共占有土地的原始氏族社会解体时起）全部历史都是阶级斗争的历史，即剥削阶级与被剥削阶级，统治阶级与被统治阶级间斗争的历史；在这个阶级斗争史现今发展到了的阶段上，被剥削被压迫的阶级（无产阶级）为要摆脱剥削它压迫它的那个阶级（资产阶级）的桎梏，已非同时使整个社会一劳永逸地摆脱任何剥削、任何压迫以及任何阶级划分和阶级斗争不可了。”①这样就只能把各个社会

① 马克思、恩格斯：《共产党宣言》，人民出版社 1963 年版，第 13、14 页。

的发展过程了解为“世界的历史只是生产方式的历史，社会的发展和革命只是生产方式的变革”，而不能把它当做唯物史观最基本的原则、即生产力与生产关系的矛盾来把握，虽然承认了作为社会矛盾的表现的阶级对立和阶级斗争，但不能把它理解为社会发展的动力，使得他在谈到古代罗马灭亡的时候，看不到奴隶的起义；谈到资本主义社会产生的时候，虽然承认了产业革命的意义，却不能理解资产阶级民主革命的意义；谈到资本主义社会为社会主义所代替的时候，也看不到无产阶级作为革命阶级的历史使命。

最后，在第七章《结论》，呼吁“世界上热爱人类和平、重视幸福、要求进步的志士仁人起来，起来致力于社会主义的宣传和实践”，这恰好和《共产党宣言》最后一段话“让那些统治阶级在共产主义革命面前颤抖吧。无产者在这个革命中失去的只是自己颈上的锁链。而他们所能获得的却是整个世界。全世界无产者联合起来！”[①]形成一个鲜明的对照。马克思和恩格斯号召于工人阶级的，秋水却不得不把希望寄托在“志士”、“仁人”身上。

《社会主义神髓》出版后第二年，即 1904 年 11 月，为了纪念《平民新闻》创刊一周年，幸德秋水和堺利彦合译了《共产党宣言》。这是日本最初的译本，这个译本虽然在出版的同时遭到了“即日禁止发卖”，但这部科学社会主义经典著作日文版的出版，对于后来马克思主义在日本的传播和发展，具有深远的教育意义。

幸德秋水的重大贡献，还在于他坚决反对帝国主义和帝国主义战争。他和堺利彦共同展开的反对日俄战争的“非战论”，是日

① 马克思、恩格斯：《共产党宣言》，人民出版社 1963 年版，第 84 页。

本第一次有组织的反战斗争，同时在与社会主义运动相结合这一点上，又具有划时代的意义。但是应该指出，秋水的反战斗争还跳不出只是向小市民、小资产阶级知识分子进行宣传鼓动的范围，未能动员广大劳动群众，展开波澜壮阔的群众性运动。同时，他的反战论也只是片面否定爱国主义，强调国际主义，不能彻底地解决民族问题，把无产阶级国际主义和爱国主义结合起来。

总之，幸德秋水的社会主义理论活动和实践活动，在今天看来，显然存在着很多缺点和错误，但在当时日本无产阶级尚未成熟，工人运动刚才开始，资本主义还有发展余地，马克思主义思想传入日本为时尚浅，日本的社会科学基础还薄弱等条件下，从十九世纪末开始接触到社会主义思想的幸德秋水，通过参加日本最初的社会主义研究的组织“社会主义研究会”和日本最初的社会主义政党“社会民主党”而迅速成长，到了1903年前后，俨然成为日本社会主义理论和运动的指导者；通过《社会主义神髓》的著述和《共产党宣言》的翻译，对于马克思主义在日本的传播起了很大的作用。他在日本近代社会主义运动史上的功绩是不可磨灭的。

幸德秋水和他的著作，对于我国读者说来并不陌生。他一向同情中国革命，和中国当时留学日本的革命青年有密切的联系。他的主要著作《长广舌》、《基督抹杀论》、《社会主义神髓》都曾先后译成中文出版，对于中国早期革命有一定的影响。《社会主义神髓》有两种译本，一是1907年创生译，由东京奎文馆书局出版；一是1906年蜀魂遥（詹生）译，由中国留学生会馆社会主义研究社出版。可惜这些译本都早已绝版。这次我们根据“岩波文库”版本，把《社会主义神髓》重译出版（另加附录五篇，并平野义太郎的题解），这对于我们了解马克思主义在日本的传播走过怎样曲折艰难的道路，是有一定的意义的。

马　采

1962.12.5.于

广州康乐中山大学

目　　录

自　　序

"社会主义是什么?"这恐怕是我国人迫切希望知道的事,而且又是必须知道的一件事。我作为我国的一个社会主义者,觉得有责任使大家知道它,所以写了这本书。

近来出版的许多有关社会主义的著作和译本,大都出于非社会主义者之手,往往陷于独断,失其正鹄,否则就是只讨论其一部分,或者只介绍其一方面。另外,篇幅浩瀚的就过于烦冗,简短的又有难得其要领的缺点。因此,我在本书中,竭力剔除枝叶,不拘细节,以期使人一见就能领会它的大纲,理解它的要旨。如果社会上还不知道社会主义为何物的人士能够由此得知梗概,我将感到万分高兴。

著述之难,并不在于连篇累牍,而在于次序得体;也不在于罗列材料,而在于繁简适中。本书虽然只是一本薄薄的小册子,但易稿十数次,历时达半年之久,仍然不能令人满意,真是惭愧之至。但因自己才学有限,无可奈何,又见社会上想知道社会主义的人需要愈益迫切,只好勉强付印。所以,对于本书的论述,如承提出不同意见或疑问,我愿作进一步的解答和说明。

最后,特向年轻的初学者介绍,写这本书时参考的文件如下:

马克思、恩格斯：《共产党宣言》[①]

马克思：《资本论》第一卷

恩格斯：《社会主义从空想到科学的发展》

柯卡普：《社会主义研究》

伊利：《社会主义与社会改革》

布利斯：《社会主义手册》

摩里斯、巴克斯：《社会主义的产生和结果》

布利斯：《社会主义百科全书》

著　者

明治 36 年(1903 年)6 月

① 以下各书在原书中都是用英文写的。——译者

第一章　绪论

不要认为克伦威尔，不要认为华盛顿，也不要认为罗伯斯庇尔是最伟大的革命家。如果有人问我谁是古今最伟大的革命家，我将不能不推举詹姆斯·瓦特这个人。当他一旦开动其卓越的脑筋，掌握造化的奥秘，把它展示在人们的眼前，世界各国的物质生活状态，不就为之骤然一变吗？产业革命的贡献实在是伟大呀！

今日的纺纱、织布、铸铁、印刷及其他各种技术上用的机器、铁路、轮船及其他各种交通工具，从远处眺望，有如妖怪，走到近前观看，又如同山岳。而这些机器所以能经常被自由地驱使，顺利无阻地运转，却仅仅由于蓬勃的蒸气一吹之力，可见其技术是多么巧妙，能力是多么巨大呀！假如使十八世纪中叶的人类复活并看到今日的情况，他们必然要为之惊倒骇绝。何况继此又发明了奇异的电，其应用之妙，日新月异，人智的进步，真是无可限量，使我感到，“人为万物之灵”这句话由此才得到了证实。

但由这些机器的发明和改进所造成的产业革命的宝贵贡献，并不仅仅在于技术的巧妙，应该说，还在于它促使生产大大发展和交换便利了。

现代生产力发展的水平和比率，虽然由于产业的种类不同而有差别，因而不容易做出详密精确的统计，但由于用机器代替人力的结果，一般都有了显著的提高，则是毫无疑问的。据伊利教授的统计，有些产业部门由此提高十倍，有些提高二十倍，如花布的产量至少已提高百倍，书籍出版则已提高千倍。早在前世纪之初，罗伯特·欧文就曾宣称，五十年前需要六十万人劳动才能获得的财富，现在只要二千五百人就能够生产出来。而在一百年后的今天，无疑又有好几倍的提高。某学者也说过，利用现代的机器，能够生产相当于古代要用六十个奴隶才能生产出来的供应一家五口人需用的财富。因此，任何人都可以毫不犹豫地断言，最近百余年间，世界的生产力至少平均提高了十余倍。

运送这大量财富到世界各地并进行交换，也是极其轻易而迅速的。蜘蛛网般的铁路与航线，把世界缩小了几千里；像人的神经系统般的电线，把世界各国联成一体。在澳洲屠宰的羊肉，能够直接地送到英国人的餐桌上；美国种植的棉花，供应全亚洲人穿用。人类的缓急相依和有无相通，有史以来，从未达到今日这样高的水平。

啊，这就是所谓近代文明的特征：华美、光辉灿烂。我们能够生在这个文明世界，瞻仰这种空前的伟观和壮观，似乎可以私心庆幸并感到自豪了。

然而，我们生在这个文明世界，当真足以庆幸吗？当真足以自豪吗？不，这是一个疑问，是一个大疑问。

请想一想，依靠现代机器的帮助，我们的生产力既然提高了十倍、百倍，有时甚至千倍，那么，世界多数劳动者就应该比较产业革命以前大大地减少劳动时间和劳动量了。而事实恰恰相反，他们依然必须每天从事十一二小时以至十四五小时的苛重的劳动，这是怎么回事呢？好不奇怪！

请再想一想，今日增加了千百倍的大量的物质财富，既然依靠交通运输机关的帮助，可以轻易而迅速地从世界这一角落运到那一角落进行贸易和分配，那么，世界多数的人类就应该衣食大有余裕，可以高声歌颂太平盛世了。而事实恰恰相反，他们连糟糠都不得一饱，父母冻馁、兄弟妻子离散者日益增多，这又是怎么回事呢？好不奇怪！

人力的需要减少了，而劳动的需要却并未减少。财富的生产增加了，而人类的衣食却并未增加，既不胜劳动的苛重，更苦于衣食的匮乏。所以，学校虽然增加了，而人无受教育的自由；交通虽然便利了，而人无旅行的自由；医术虽然进步了，而人无疗养的自由；虽然有了民主制，而人无参政的自由；文艺虽然发达了，而人无娱乐的自由。所谓近代文明的特征——华美、光辉灿烂等等，对于多数人类的幸福、和平、进步，到底有多少价值呢？

不要说人不是单靠面包活着吧。如果没有衣食，还能有什么自由呢？还能有什么进步呢？还能有什么道德呢？还能有什么科学和艺术呢？管仲说过：仓廪实而知礼节。人生第一件大事归根结底还是衣食问题。然而近代文明国家多数人类，不正是为了衣食匮乏而惶惶不可终日吗？

不要说劳动创造衣食吧。请看劳动人民的儿女，他们生下来从八九岁起一直到衰老病死为止，一生辛辛苦苦如牛马般被驱使，勤勤恳恳如蜂蚁般忙个不休，谁也不如他们节俭和勤勉。可是，他们之中因为滞纳租税而遭受拍卖处分者，每年数以万计；而衣食常有余裕的，却不是经常劳动的人；竟是些游手好闲的懒汉！

然而,苛重劳动的痛苦还可忍受,至若连可就之业都找不到的情况,可以说,人生的惨事就莫过于此了。他们有强壮的身体,有明敏的头脑,有熟练的技术,而且力能生产衣食而有余,只是为了找不到职业,以致终身苦于穷困,辗转沟壑,世界上真不知有多少万这样的人!

那么,就吃高利贷吧,吃股票吧,吃地租吧,吃税收吧。处于今日的所谓文明社会而不可能这样做的人,唯有长时间的劳动、痛苦、贫困、失业,以至饿死而已。如其不愿饿死,那么,男子只好做强盗,女子只好做娼妓,只好沦落,只好犯罪。

不错,现代的文明一方面闪耀着灿烂的华美和光辉,另一方面又隐藏着黑暗的贫困和罪恶。翱翔在灿烂天空的,千万人中不过一人,而辗转于阴暗沟壑的,却是世界人类的大多数。这难道是我们人类值得自豪的吗?

唉,世界人类的痛苦和饥寒,日深月甚。多数人只是为了争取生活的自由和衣食的平等,不得不牺牲一切和平、幸福和进步。难道人生就是这样的吗?不能不是这样的吗?这是由于耶稣所谓祖先之罪吗?这就是浮屠所谓娑婆之常吗?怪哉,这怎能叫做真理,怎能叫做正义,怎能叫做人道呢?

唉,伟大的产业革命的成果果真不能符合于人道、正义与真理吗?所谓近代文明果真不能实现人道、正义与真理吗?这就是站在二十世纪十字路口的斯芬克斯的谜语。能解答的就得生,不能解答的就死,世界人类的命运完全系在这个谜语上面。

谁能解答这个谜语呢?是宗教吗?不是。是教育吗?不是。是法律吗?不是。是军备吗?不是。不是,不是。

宗教能令人想象未来的天堂，但不能为我们解除目前的痛苦。教育能给予我们大量的知识，但不能为我们生产一日的衣食。法律能惩罚人，而不能给人以快乐。军备能屠杀人，而不能救人生命。唉，唉，到底谁能解答这个谜语呢？

以货财害子孙，不必操戈入室。

以学术杀后世，有如按剑伏兵。[①]

① 原文如此，并非译语，下同。——译者

第二章　贫困的原因

投医药者，当先诊断病源之所在。借问，方今生产的资财并不缺乏，市场的货物并不稀少，而我们多数人为什么会这样感到衣食不足呢？

此无他，只是因为资财的分配不公平。只是因为资财没有普遍分配到全世界，而仅仅聚集在一部分人手中。只是因为资财没有平均分配给一切人，而为少数阶级所垄断。

例如英美两国，其产业的进步和兴盛，史无前例，为世界各国所赞美和羡慕，至于它们财富分配的情况，却不能不令人为之酸鼻。

据托马斯·薛尔曼的统计，美国财富约百分之七十为其人口百分之一点四的少数人所占有，其他百分之十二为百分之九点二的人口所占有，其余的人口即百分之八十九点四的多数居民，仅占有财富的百分之十八。据斯帕尔博士对英国财富分配的统计，在英国，二百万人口仅占有八亿财富，另方面，占少数的十二万五千人却占有七十九亿巨额财富，而总人口的四分之三以上则全无资产。两国的贫民依靠救济金生活的，竟达数百万人之多。

这难道不是惊人的悬殊吗？但是，这种情况并不限于英美两国。德国如此，法国如此，意大利如此，奥地利也是如此。它们虽在程度上和比率上各有大小、高低的不同，但财富向一部分人手里集中，却是世界各国的共同趋势。至于我们日本的情况，当然也不例外。

遗憾的是，在日本，任何事物都没有可靠的精确统计，但近来财富的分配越来越集中到一部分人手里，贫富越来越悬殊，则是无可争辩的事实。看，土地不是越来越被兼并了吗？资本不是越来越集中了吗？资本吸收资本，利息产生利息，尽管国民财富没有增加多少，而少数大资本家、大地主阶级的资产则一天天在增大。这种情况，难道不正像滚雪球一般，每滚一次其体积就增大一些吗？

请想一想，如能把近代物质文明利用其精密的机器和巧妙的技术每年生产出来的大量财富，公平地分配给人民大众，供应他们日常消费，还用像今天这样愁吃愁穿吗？可是，分配是如此不公平，财富是如此集中在一部分人手里，为少数阶级所垄断。无怪乎世界上多数人要经常辗转于饥寒交迫的境地了。

于是，便不能不提出另一个问题来。什么问题呢？

社会的财富决不是从天上掉下来的，也不是从地里涌出来的，就是一粒米、一片金属，也都是人类劳动的成果。既是劳动的成果，照理说，不是应当归劳动者、即生产者所有吗？可是，占人类多数的劳动者呀，为什么你们不能自由地占有或消费你们自己创造出来的财富呢？古诗云："遍身罗绮者，不是养蚕人"。为什么养蚕人反而不能穿上罗绮呢？

此无他，就是因为他们没有任何生产资料（原文为"生产机关"——译者），换言之，即没有资本，没有土地。没有资本就不能劳动。没有土地就不能生产。不劳动生产就不免于饿死。他们越是急于避免饿死，也就不得不急于寻找生产资料；越是急于寻找生产资料，也就不得不牺牲一切利益和幸福。他们就不得不拜倒在资本所有者、土地所有者面前，乞求准许他们使用资本和土地。而作为这样准许使用的代价，他们不得不把他们生产品的大部分送进资本家、地主的仓库。他们终岁或终身劳苦，所得的果实却少得可怜，仅仅可以维持他们不幸的生命。的确，现今的贫雇农就是处在这种情况下；现今的工人就是处在这种情况下；没有土地和资本、专靠工资生活的人，全都是处在这种情况下。

请想一想，如能把世界上的土地和资本分配给多数人类，让他们自由地用来进行生产；如能使他们不必被榨取高额的利息，不必被剥削超额的地租，不必以低廉的工资受人雇用，让他们的劳动果实直接归他们所有并自由消费，那么，何至于像今天这样严重的分配不公和贫富悬殊呢？可是，他们有的只是劳动力，而土地和资本则全归少数阶级所掌握，如不缴纳生产品的大部分，就不被允许使用。无怪乎世界上多数人要经常辗转于饥寒交迫的境地了。

于是，就不能不提出另一个问题来。什么问题呢？

土地、资本，一切生产资料，是全体人类维持生活的必要条件，把它垄断起来，就是支配全体人类的生活而制其死命。地主、资本家究竟有什么功德、权利和必要把它垄断、独占和扩张，并以此破坏多数人的和平、进步和幸福呢？

无他，只是由于侥幸、狡猾、贪婪而已。地主、资本家他们有时也并不是完全不从事劳动，不帮助生产，完全不勤劳、不节俭。但是，他们作为勤劳的劳动者，作为节俭的生产者的所得，却有限得很，而作为地主、资本家拥有的财富，决不是依靠勤劳和节俭所能得到的。他们的财富有些是祖先的遗产，有些是投机的所得，有些是利息的积累。的确，现在的富有人家，三者必居其一。他们的财富一变而为资本，购买股票，兼并土地，不费一举手一投足之劳，只是饱暖安逸，就可以掠夺多数人类的劳动果实。掠夺来的财富，转过来又变为资本，成为掠夺更多财富的武器。这样辗转无穷的结果，就使得少数富者益富，而多数贫者益贫。故蒲鲁东强调指出："财产是掠夺来的果实，资本家是强盗。"不错，从道义的观点看来，他们是不自知其为盗贼的盗贼。他们有什么功德、权利和必要呢？而我们难道不是在养活这些道义上的盗贼，一任其恣意掠夺吗？无怪乎多数人要经常辗转于饥寒交迫的境地了。

说到这里，我相信已大致弄清现今社会的病源所在了。是什么呢？这就是多数人类的饥寒，是由于财富的分配不公。财富的分配不公，是由于生产物不归生产者所有。生产物不归生产者所有，是由于被少数地主、资本家阶级所掠夺。其所以被地主、资本家所掠夺，是由于土地、资本和一切生产资料根本掌握在地主、资本家的手里。

明白了病源所在，就不难找到治疗的办法了。我敢断言，解决现在社会问题的办法，只有把一切生产资料从地主、资本家手中剥夺过来，移交给社会人民公有。

不错，"把一切生产资料从地主、资本家手中剥夺过来，移交给社会人民公有"，换言之，即消灭地主、资本家这个不劳而获的阶级，这就是"近代社会主义"又称"科学的社会主义"的根本精神。

说到这里，不熟知社会主义是什么的人士，就会哑然失笑地说道："这是何等的梦呓呀！何等的妄想呀！请想一想，社会的生产不是完全受着地主、资本家的支配吗？它的分配不是完全受着地主、资本家的指挥吗？农、工、商业的经济都赖他们维持，多数人类完全靠他们养活。怎能消灭他们呢？即使能够消灭他们，而如果没有他们，社会就必然会变成黑暗。胡乱主张要消灭他们的社会主义，竟是何等的妄想和梦呓啊！”

唉，是梦呓吗？是妄想吗？社会应该永远承认地主和资本家的存在吗？必须承认他们的存在吗？我们要请说这些话的人，首先就人类社会是怎样组织的和怎样发展的问题，进行一番探讨。

争之难平也，天折地绝，亦无自屈之期。
报之不已也，鬼哭神愁，奚有相安之日？

第三章　产业制度的进化

近代社会主义的祖师卡尔·马克思，给我们指明了人类社会怎样组织起来的真相。他说："每一历史时代主要的经济生产与交换方式及其所必然决定的社会结构，是该时代的政治历史和该时代智慧发展史所由以确立的基础；只有根据这一基础出发，才可以说明这个历史时代。"①

不错，人一生下来，首先就不能不吃饭，不能不穿衣，不能不防避雨露风雪。至于美术、宗教、学术，则只有在这些最起码的要求得到满足以后，才能发展起来。所以当人们的生产和交换的方式一旦有了改变，其社会组织和历史发展也就必然随之而改变。

请看原始人类，纵鼻横目，究竟与我们有多少差别呢？但他们血族相聚，部落相连，组成共产社会，他们的衣食只为其社会全体成员而生产，只供应社会全体成员的需用。他们不知有个人，不知有阶级，更不用说地主、资本家了。据刘易斯·摩尔根的估计，自从有人类社会以来，大概经历了十万年，其中九万五千年是共产制的时代。我们人类就是在这九万五千年间零星分布在地球上的血缘部落的小共产制的时代里，经历了一系列的进化发展：逐渐摆脱

---

① 《共产党宣言》1888 年英文版序，1963 年人民出版社版，第 13、14 页。

了愚昧野蛮的境界，制造弓矢、舟楫，学会了畜牧，学会了农业。

文明的进步好像石块从空中向地上降落，越接近地面，速度就越快。随着古代人口的逐渐增加，集团逐渐繁荣，衣食需要逐渐增多，交换方法随之渐趋复杂，这种共产制也就逐渐面临崩溃的危机了。到了他们饶恕那过去活捉过来就加以屠杀的俘虏，使其从事生产的时候，就产生了奴隶这个阶级，而在人类社会历史上开辟了一个完全新的时代。

唉，奴隶制度，我们今天说起来还觉得羞耻，可是要知道，这在当时不仅是整个社会生产的基础，而且埃及、亚述的知识、希腊的艺术、罗马的法理，凡是照耀千载史册的东西，没有一件不是这些老老实实的亿万奴隶淋漓膏血的结晶。创造当时文明的，是这种产业制度，推翻当时文明的，也是这种产业制度。正如催花开放的是雨，把花打落的也是雨。

请看，这些奴隶的膏血和天然的资源，也不能无涸竭之一日。到了罗马末年，奴隶主所赖以骄奢淫逸的大量资财，已经不能完全靠奴隶制来取得了，于是便继之以攻略四方，扩张领土，进行横征暴敛，而当外部发生叛乱之日，亦即内部崩溃之时了。

于是，通往罗马的大路，荆棘丛生，天下分裂，生产完全衰退。接着出现的，势必是农奴的耕织，而其保护者也必然是封建制。但发展一刻也不停顿。物质生活发展一天，社会组织也不能不随之而发展一天。于是，自由农民和工人出现了，城市繁荣起来了，农奴解放了，交通发达了，市场扩大了，生产也越来越迅速地发展了。这样，地方的封建藩篱终于经受不住全国的和全世界的贸易大浪潮的冲击而四分五裂了。

所以恩格斯也说:“一切社会变化和政治变革的终极原因,不应该求之于人们的头脑之中,也不应该求之于人们对于永恒真理和正义的日益增长的理解之中,而应该求之于生产方式和交换方式的变更之中;这些原因,不应求之于哲学,而应求之于各该时代的经济。对于现存制度的不合理与不公平、对于‘理性变成荒唐,幸福变成痛苦’的日益觉醒的认识,不过是一种标志,指示着在生产方法和交换形式之中,已经不知不觉地发生了这样的变更,使得从旧的经济条件产生出来的社会制度,已经不能和这些变更相适应了。”①

世界的历史不外是生产方式的历史,社会的发展和革命不外是生产方式的变革。谁说现在的产业制度永远不变,现在的地主、资本家阶级永世长存呢?

那么,现代社会的生产方式——马克思以来所谓资本主义制度的特种生产方式,究竟是从哪里来,又将到哪里去呢?

在中世纪,没有现在的所谓资本家,没有现在的所谓大地主。而其社会所赖以维持的生产,总是掌握在一般劳动者的手里。在乡村,存在着自由民或农奴的耕作,在城市里,存在着独立工人的手工劳动。他们的生产资料——土地、农具、工作场所、工具,都适合于每个人单独使用,所以都归他们个人所有,自由地进行各自的生产。

把这些分散的、小规模的生产资料集中起来,加以扩大,把它变成现代产业的有力杠杆,这是经济史上自然的趋势,是所谓工商

① 恩格斯:《社会主义从空想到科学的发展》,1957 年人民出版社版,第 60 页。

业资本家的天职。美洲大陆的发现，好望角的回航，东印度的贸易，中国的市场，社会的发展等等，必然推动生产方式，促使它从地方性的变成全国性的，从全国性的变成全世界的。马克思在其巨著《资本论》中详细地论述了，从十五世纪以来，这些生产方式怎样逐渐通过各种历史阶段最后达到所谓“近代工业”的情况。

但是，当一般生产资料还在采取个人的方法、从而还不能够采取需要多数工人共同劳动的社会的方法的阶段，资本家绝不可能使这些生产资料发挥伟大的生产力。但时机终于到来了。一旦发明了蒸汽机，历史便以急转直下之势完成了“产业革命”。

纺车变成纺纱机了。手织机变成织布机了。个人的操作场变成容纳数百人乃至数千人的工厂了。个人劳动变成社会劳动了。个人产品变成社会产品了。请看，过去每一个人能够生产的东西，而今即使一条线、一尺布，也全都是多数工人共同劳动的成果，没有一个人能够说“这是我个人做的，是我个人的生产品”。

但是我们应该知道，产业革命的贡献虽然如此显著，而当初工商业资本家却未必承认它是革命。他们之所以推动并促成了这次革命，只不过是希图增加和发展他们的商品生产而已。他们只是为了增加和发展他们的商品生产，才致力于资本的集中和生产资料的扩大。他们只是为了急于达到这个目的，才进行破坏个人生产，并且推翻保护个人生产的封建制度，而于不知不觉之间完成了他们的历史任务。

他们只希图增加生产而不问交换的情况怎样；只希图资本的集中而不问占有的方式怎样。因此，生产变成社会共同的了，而交换却仍然是个人的。工厂的组织上已出现了新天地，而占有却不能摆脱旧世界的形式。这样,便不能不发生矛盾。

在生产还是由个人进行的时候,是不会发生生产品归谁占有的问题的。各种生产都是用自己的技术、自己的原料、自己的工具、自己和自己家属的劳动来进行。这样生产出来的产品归谁所有,岂不是不言自明的吗?

所以,过去的生产资料占有者,都是占有他的生产品,因为这是他们自身劳动的成果。而现在的生产资料占有者,也占有生产品。可是,这种生产品并不是他们自己劳动的成果,而是他人所生产的。现代的劳动是共同的,现在的生产是社会的,没有任何一件东西可以说是个人的生产品。尽管这样,这种生产品却不被生产者所共有,依然为个人所占有,为所谓地主、资本家个人所占有。这难道不是一个大矛盾吗?

是的,这的确是个大矛盾。而且我相信,现在社会的一切罪恶,都是根源于这个矛盾。

这个矛盾的第一个表现就是阶级斗争。"近代工业"一旦兴起,瞬息之间就席卷了世界各国,到处逞凶肆虐,像风扫落叶一般压倒个体小工业,使之纷纷倒闭,这本来是不足怪的。这样,向来的所有个体生产者便不能不破产,不能不失业,不能不抛弃他们个人的小工具,走向大工厂去从事社会生产。可是,他们的生产品全部为资本家个人所占有,而他们所得到的却是仅仅足够维持一天生活的工资。加之,封建制度被破坏,土地兼并盛行开来,乡村小农竞相涌入城市,企图挣取工资来维持生活,这也是势所必然的。工业愈发达,则自由独立的劳动者也就逐渐绝迹,而所谓工资劳动者也就愈益增多。这样,社会一方面产生了既占有生产资料又占有全部生产品的资本家阶级,另一方面产生了除了劳动力以外一无所有的工人阶级,并在两者之间清楚地划下了一道鸿沟。在社会生产与资本家个人占有之间发生的一大矛盾,首先就表现为地主、资本家与工资劳动者之间的冲突。

不但这样,个人占有的结果,必然带来所谓自由竞争。自由竞争的结果又必然造成经济界的无政府状态。过去个人生产时,生产品主要供应自家消费,有多余时才拿到地方的小市场上出售。因为不能事先知道商品的需要量,自然难免受一般竞争规律的支配,但因为所涉及的范围非常狭隘,还不至于发生多大流弊。现在不然。生产品完全不是为了供应生产者自己的消费,而是全部作为个人的商品,用来争夺交换的利益。因为一任个人竞争,所以随着生产力的提高和发展,市场的扩大,竞争就益趋激烈,使全世界的经济完全陷入无政府状态,优胜劣败,弱肉强食,凄惨万状。这样,社会生产与资本家个人占有之间所发生的一大矛盾,便进而表现为有组织的工厂生产与无政府的一般市场之间的冲突。

不错,矛盾的结果就是冲突。冲突的结果就是破裂。现在资本家的生产方式,从一开始就是在这个大矛盾的基础上进行的,而矛盾的发展,一方面造成阶级的冲突,另一方面造成市场的冲突。这两方面的冲突,如沸水的波纹般互相交错,如旋风般互相追逐,其形势愈演愈烈,其结果必将导致现今产业制度的大冲突和大破裂。为什么这样说呢?

因为经济上的自由竞争和阶级斗争愈激烈,其结果必然导致多数劣败者破产,工资劳动者增多,促使资本愈益集中,生产机器更加完善。机器的改进使对于劳动的需要不断减少,而劳动的供应却日日增加，这就不可避免地造成大量劳工失业。这就是恩格斯所说的“产业预备军”。

产业预备军的出现，是近代工业所造成的最可悲的一种现象。他们在经济市场繁荣的时候还可以侥幸地找到职业；而一旦碰到贸易不振，数万乃至十数万的大批工人，就要像垃圾一般被抛出工厂，挨饿受冻，这就是现在欧美各国的经常情况。我国的惨状虽然目前还未达到这个地步，但在社会经济方面既然一任资本家自由竞争，这种趋势总是不可避免的，所差的只是时间问题而已。

与此同时，多数工人之间的竞争，也随着激烈起来，并造成一般工资的低落。一般工资的低落，使得工人为了维持最低限度的生活，不得不从事长时间的过度的劳动，这就使得资本家可以随心所欲地进行掠夺。

马克思说：交换决不能创造价值（原文为“价格”——译者），价值决不能在市场中被创造出来。那么资本家为什么能在他们运用资本的时候，增加它的数额呢？这只是因为他们能够购买那具有能够创造价值的无穷力量的商品。这商品是什么呢？就是人们的劳动力。劳动力的所有者为了维持生活，不得不把它廉价出卖。而且劳动力在一天中创造出来的价值，比他作为维持一天的生活费用而领受的工资要多得多，例如一天能够创造六先令财富的劳动力，以一天三先令被购买，这个差额叫做剩余价值（原文为“剩余价格”——译者）。资本家所以能够增加资本，只有从劳动者掠夺剩余价值，在自己手里积累起来。

“剩余价值”的掠夺可以不断增加资本，资本的增加可以不断促使机器的改进，经过改进的机器又转而成为掠夺剩余价值的武器。就在这样循环往复之间,社会生产力增长不已。然而,国内市场的脂膏已被资本家榨取净尽,而社会上多数人的购买力绝不可能满足他们的需要。于是,资本家便千方百计地积极设法为生产力寻求出路。他们叫嚷:开辟新市场呀,扩张领土呀,抵制外货呀,建设大帝国呀,等等。可是世界的市场也不可能是无限大的,情况表明,现今生产洪水的无止境泛滥,终将无法堵塞。

行将到来的,就是资本过剩,资本家苦于没有可投资的事业;生产过剩,商品苦于没有可输出的市场;劳动力供应过多,产业预备军苦于没有雇用的工厂。现在文明各国,凡是拥有近代工业的国家,都不能不陷入或正在陷入这种困境。于是,到处在叫喊:"生产过剩"。

请想一想,资本家一贯锐意致力于集中资本,增加生产,而今却苦于资本过剩、生产过剩。机器的改进节省了人力,而多数劳工却苦于衣食匮乏。社会大众,由于生产了大量的衣服,反而不得不赤身露体。这是多么奇怪的现象呢?这难道不是表明,现代产业制度的矛盾冲突进一步大大激化了吗?

啊,"生产过剩"的叫喊,不正是表明破裂就要到来的信号吗?果然,破裂已经在危机的连续发生上面露头了。

危机的祸害确是惨酷。贸易极端萎缩,物价突然暴跌,货物停滞不动,信用完全扫地,工厂陆续关闭,商人相继破产,劳工相继失业,五谷肉类充满仓库,而路有饿殍。这样经过数旬、数月,甚至数年,社会的疮痍还不能平复,这就是傅立叶所谓"多血症的危机"。这种危机的来临不是偶然的,它的消逝也不是偶然的。自从1825年大危机以来,几乎周期性地每十年必发生一次。从这一点就可以推知，现代经济组织根本上就隐藏着导致这种惨祸的原因。

同时，每逢经历一次危机，能够安然渡过这种危机的少数大资本家，总是乘着多数小资本家破产零落的机会，实行并吞，这也是自然的趋势。而且，大资本家自己也由于极端害怕互相竞争的危险和危机的袭击，逐渐对占有和交换上的个人的方法的范围做些让步，而采取会社的方法，以期缓和这种矛盾冲突。组织股份公司，就是为了这个目的。实行同业大联合，也是为了这个目的。当他们看到这些办法都不能保证他们的生存时，便又建立现在的托拉斯组织，以进行最后的挣扎。这样，建立在自由竞争基础上的资本主义制度，由于发展的结果，反而不得不自己放弃自由竞争，使世界各国的产业几乎全部为托拉斯所垄断。

但是，只要托拉斯还掌握在资本家的手里，就不但不能彻底解决现今的矛盾冲突，反而要使现今的矛盾冲突进一步激化。这是因为，现在他们的工作只在于限制产量，只在于抬高物价，只在于利用独占的暴力掠夺超额的剩余价值，只在于加剧整个社会的贫困匮乏。其结果是迫使社会上多数人成为那拥有托拉斯的少数阶级的贪欲的牺牲品。资本家同工人的阶级斗争发展下去，结果终于变成了托拉斯同整个社会的冲突。

整个社会将容忍这种状态到什么时候呢？将承认资产阶级存在到什么时候呢？规模庞大的托拉斯一定要受那不负责任的、无计划的个人资本家的控制吗？社会不可能把它收归公有，把它变成统一的、有组织的、和谐的、负责的产业吗？到了今天，向来以积累资本、增加生产为其天职的资本家阶级，难道不是已经完成了它的历史使命了吗？不是已经丧失了它的存在理由了吗？现在，他们难道不是仅仅作为财富分配的障碍而存在吗？不是仅仅作为不但工人而且整个社会与生产资料之间的障碍而存在吗？

现在，工厂的共同的、社会的生产组织的发展，终于达到了与一般社会的无政府的自由竞争互不相容的地步，达到了不能承认少数资本家阶级存在的地步，换言之，即矛盾冲突已经达到了它的顶点。这种情况表明了资本家个人占有制已无力支配生产力；同时，生产力本身也以其无比强大的威力，将彻底消灭今日社会制度的矛盾，摆脱私有资本的桎梏，要求实际承认其社会的性质。这难道不是正导向一大转变吗？难道不是已经面临一大破裂的危机吗？这是世界产业史进化发展的必然趋势，资本家阶级的亿万黄金也是无可奈何的。

新时代就要到来了。

圣贤不白之衷，托之日月。

天地不平之气，托之风雷。

第四章　社会主义的主张

现代生产和交换的方式，即所谓资本主义制度，已达到发展的极点。而物穷则变，花朵总有一天要凋谢，卵壳总有一天要破裂。唯其凋谢，故有新果，唯其破裂，故有雏儿。难道社会产业制度独能不受这个规律的支配吗?

说明这个发展规律，指出它的必然方向，以促进人类社会的进步的，就是我们科学社会主义的主张。那么，社会主义将给我们带来什么新果和雏儿呢？它指出什么样的新时代来代替私有资本的旧制度呢?

伊利教授分析了社会主义的主张，而认为它包括四个基本原则，所说颇为正确。所谓四个基本原则是什么呢?

第一个原则是：物质生产资料即土地和资本归公有。

前章已经谈到，今日社会的一切祸害的根源，在于社会生产资料为个人所私有。唯其归个人私有，所以所有者就可以不劳而食地掠夺社会生产的大部分，使多数人越来越贫穷落后，这是我们所不能永远忍受的。而救治的方法决不是区区小策所能奏效，必须彻底消除根本的矛盾，使整个产业组织得到调和。把生产资料收归公有，确是不可避免的了。

土地是未有人类以前就存在的，并不是由地主创造出来的。

资本是社会共同劳动的成果,并不是由资本家创造出来的。它们的存在只是为了全体人类,而不是为了个人或少数阶级。所以,地主、资本家本来没有权利把它们占为己有,但如果他们能够利用这些生产资料使社会分享其利,那还是可以容许的。现在既然他们利用这些专门掠夺全社会的财富,牺牲全社会的福利,阻碍全社会的进步发展,那么,社会立即把土地和资本从他们手中剥夺过来,如马克思所说,“剥夺者被剥夺”[①],不用说,这是完全正确的。

所以,近代社会主义主张土地资本归全体人民公有,主张全体人民均沾由此产生的利益,并且还主张废除向来具有经济意义的地租和利息。

不要认为这种主张是奇谈怪论吧。现在,不是已经有不少事业归公共所有吗?邮电事业,除美国以外,其他文明诸国皆为国有;铁路,在德国、奥地利、丹麦诸国亦为国有;森林、矿山、耕地之一部、烟草、酒精的贩卖事业等,大部分国家均为国有。不过,现在所谓国有,往往意味着中央政府所有,还不是完全归社会公用。尽管这样,但在摆脱个人或少数阶级自私的垄断这一点上,还是一致的。

社会主义的主张决不要求中央集权,而是按照机关和事业的性质,或归国有,或归省县镇村所有。现代的公共事业,如自来水、电灯、煤气、电车等归都市所有,就是一个例证。关键在于把生产资料从个人所有转移到为公共利益服务。

现代的经济学家都认为,从来带有垄断性质的事业,必须收归国有或市有,不带有垄断性质的事业,则不如听任个人自由竞争,

① 马克思:《资本论》第1卷,1953年人民出版社版,第964页。

以求发展。可是，随着产业制度的发展，难道不是连从来不带有垄断性质的事业，也都变成垄断事业了吗？请看美国，钢铁业变成垄断了；石油业变成垄断了；煤炭业、纺织业也都为大公司、大托拉斯所垄断，不许他人竞争了。个人竞争的结果，就是资本的集中合并。资本集中合并的结果，就必然使各种企业尽变成垄断企业。期望通过经济的自由竞争以求进步，已成过时的梦想。现在的问题是，让这些垄断企业仍归少数阶级私有呢，还是把它们收归社会公有而加以统一呢？二者必居其一。这就是社会发展趋势的必然结果。而社会主义的首要任务就是要把它明确地指出来。

第二个原则是：生产的公营。

作为生产资料的土地和资本，虽归社会公有，但其事业的经营还有许多是掌握在个人手里。例如：铁路、电车虽归社会公有，而其经营管理却委托于私营公司；酒精、食盐、烟草等虽为政府专卖事业，而其生产或交换的一部分却仍归个人经营；以及公有耕地委托私人耕种；等等。这些私人或私营公司经营的目的，总是为追求自身的利益，一旦无利可图，事业就被抛弃，这是资本主义制度下不可避免的现象。所以，如果要真正使社会产业不是为个人利益，而是满足整个社会的消费，不是为市场交易，而是满足整个社会需要，其经营就绝不能委托于私人，而必须实行公营。社会不但要对生产资料实行公有，还要公选代表进行经营，而这种经营一定要对整个社会负责。

有人说，事业的经营只有在私有的情况下才能收到效果，如果不是自家私事，还有谁肯忠于职守呢？可是，请看现在三井家[①]的

① 日本最大财阀之一。——译者

主人，对其事业的经营究竟付出多少劳力呢？岩崎家族[①]的主人，对其事业的管理究竟发挥了多少本领呢？至于生产机构的扩大，事业的发展，生产的增长达到高度水平时，其经营管理决非个人才力所能胜任，而毕竟需要多数人共同协作，低能懒散的资本家，根本不起作用。事实上，现代各种大规模企业的管理经营，就没有一个是由其所有者的资本家亲自进行，而是依靠并非所有者的职员或雇员的力量进行的。社会主义就是要用社会公选的代表来代替这些世袭的所有者，用负责的工作人员来代替懒散的资本家，用公共任命的职员来代替私人雇用的雇员或职员，而其企业的发展并不只是为了所有者的利益，整个社会都将直接受到它的好处。那么，我就看不出有任何理由，人们不如今天这样忠于职守。

一旦社会把一切生产资料收归公有，对一切产业进行管理，社会全体成员就成为它的股东，同时又是它的职工。社会分配他们适当的职业，他们用自己的劳动为社会服务。他们的生产已不是为了市场交易，而是为了满足全社会的消费，生产越多，社会的需要就越能得到满足，既无需担心物价跌落，又无需担心生产过剩，而工人失业的问题也将得到完全解决。如果生产真的超过消费，那么只要缩短劳动时间就得了，难道还会有任何人不得其所吗？

不，不但没有失业者，同时，这还意味着任何人都必须参加劳动。因为在共同生产的情况下，没有利息，没有地租，没有游手好闲而能剥削别人劳动果实的任何手段。菲普德说："不劳动者就没有衣食的权利。"这是真理，是正义，社会主义就是要求真理、正义

① 日本最大财阀之一三菱财阀的主人。——译者

的实现。

第三个原则是:实行收入的社会分配。

共同生产的收入必须归社会共有,当然不许个人擅自独占。社会公选的代表和职员,除了首先把收入的一部分充作生产资料的保养、扩充、改进以及后备之用外,其余部分应该全部分配给社会全体成员,供其消费。这种分配,不但直接生产者有份,而且老幼及其他丧失劳动能力的人也有份。因为财富既归社会公有,每个人都是组成社会的一员。在这一点上,社会主义的主张是完全的社会保险。在社会主义制度下,任何人从出生到死亡,不但享有对于疾病、灾祸、衰老的保险,而且享有受教育、娱乐及其他一切需要的保险。只是对于有劳动能力而不肯尽义务的人,应加以严厉制裁。不,我深信,随着社会制度的改善,生活痛苦的减少,这种不道德的人会自然绝迹的。

在这里,我们遇到一个重大的问题。这就是公平分配的问题。实现公平的分配是倡导社会主义的主要动机,是社会主义主要原则中的主要原则,是促使产业组织进步发展的主要目的。那么,采用怎样的方法和标准,才能够保证分配的公平呢?

关于分配的标准,虽然古今社会主义者的主张并不一致,但大致可分为四种。其一是主张所分配的物品数量和质量都要平均,这是巴贝夫的主张。其次是主张按技能、成绩高下优劣而规定不同的报酬,这是圣西门的主张。又其次是完全按照每人需要给以供应,这是路易·勃朗的理想。而在近代的社会主义者中,大都主张每人的分配额不在质量上而在价格上求得平等。

每人的身心条件都不相同,因而生活需要不同,嗜好不同,如果强求分配的平等，反而会严重违反公平原则。不言而喻，分配的数量和质量是不应该完全相等的。

按技能的高低规定不同的报酬，似乎接近公平，但这样做，就会使丧失劳动能力的人挨饿，这难道符合社会道德的根本精神吗？而且技能的高低不一定与消费的多少成比例，例如，甲的贡献可能达到乙的二倍，但甲的食量不一定二倍于乙。不仅如此，在社会主义制度下，生产都是社会性的生产、共同的生产，并不完全依靠个人的特种技能。即使有时依靠个人的特种技能，这种技能也不外是整个社会的影响、教育、熏陶和启发的结果。既然从社会得到这么多好处，就应该多为社会服务，还有什么理由贪求更多的物质报酬呢？

如果社会的生产、分配的目的真正是为了满足社会全体成员生活的需要，为了促进他们的发展，我们就应该把按需分配作为最高理想。例如这里有一个家庭，为父母者如果对于子女采取这样的态度：这个孩子有才能，就应该给予美好的衣食；那个孩子没有才能，就应给予粗劣的衣食，那么，我们的良心果能过得去吗？一家的子女、长幼、强弱虽各不相同，但他们衣食分配的标准，绝不能按照他们的才能贡献的高低，而应该按照他们的需要，这难道不是人类道德当然的要求吗？社会主义者把社会看做一个大家庭，社会就是父母，每人都是同胞。父母分配给子女的东西，先从其最急需的，例如食物、衣服、房屋及教育费等开始，逐渐扩大到不急需的。这些东西的数量和质量虽然不免大有不同，但在充分满足各自生活需要这点上，却是完全相同的。

至于要求分配的价格平等与按需要分配这两种说法，结果是相同的。因为这种分配决不意味着分配的物品完全相同，而是每人可以在其价格范围内自由地取得满足自己需要和嗜好的物品。只是价格的制定，极为困难。

第四个原则是：社会收入的大部分归个人私有。

人们常说，财产的私有对于保持个人自由、提高知识和道德水平极为重要，为什么社会主义竟要把它废除呢？财产的私有，当然是必要的；然而认为社会主义要把它废除，这完全是诬蔑。不，废除私有财产的并不是社会主义，而是现今的经济制度。试看在今日的经济制度下，难道不是社会的财富经常集中到一部分地主、资本家手里，而社会全体成员却不许私有足够保持自由、提高知识和道德水平的财产吗？难道不是他们大多数人逐渐变成一无所有，勉强度日，以至沦落为所谓“工资奴隶”吗？

社会主义制度与此相反，它把社会收入的大部分分配给每个人归他们私有。因此，随着共同生产的发展，社会收入的增加，个人的私有财产也就更加富足，能够按照各人的需要和嗜好进行消费和储蓄，无需因匮乏而依赖他人，也没有受他人控制的忧虑。社会主义就是这样要求扩大财产的私有，以保障社会全体成员的自由，并促进其向上发展。

但必须指出，社会主义虽然要求增加私有财产，但这种财产是供人们消费的财产，而决不意味着土地和资本，即生产资料。当然，如上所述，生产资料一定要归公有，其生产的成果必须一度归于社会收入。

论者又说，一旦私有财产富足，节俭的人就会把它积蓄起来，充作资本加以运用，这样就会马上产生资本家阶级，再次造成贫富的悬殊。可是，随着生产的方法和规模不断扩大，就会达到只能依靠共同经营，而决非个人之力所能举办的地步，这是今天的情况已经证明了的。即使不是这样，所有生产资料既已全归公有，重要的产业也全部由社会管理，那么，个人就没有机会把他的私有财产拿去投资了。即使有人投资经营些小企业，又怎能同社会公有的大企业竞争并存呢？这简直是铁牛角上的一只蚊子，是不可能损害整个社会的。

还应该知道，我们只说把社会收入的“大部分”归私有，而不是说把它的全部归私有。社会生产的目的虽然完全是为了满足我们的需要，但我们为了满足需要，有很多东西并不一定需要把它私有。就是在今天，如学校、公园、道路、音乐堂、图书馆、博物馆等，都是作为公有财产，让人们自由使用，以便满足每个人的需要和爱好。将来经济组织更加统一，社会道德更加提高以后，共同使用社会收入以谋求公共的利益、进步、快乐的风气，也会更加高涨，因而作为公有物的各种收入财产，也会比今天大大地增多。

伊利所谓社会主义的四个基本原则，大体如上。我相信由此可以略知其主张所在。社会主义就是把这些原则的实现，看做社会产业的历史发展的必然趋势。

所以，穆勒给社会主义下了这样的定义：“社会主义的特点在于把生产资料和生产方法作为社会全体成员共有，因此，生产品的分配也必须作为公共的事业，按照社会的规定来进行。”

柯卡普在《英国百科全书》中这样写道：“今日私人资本家雇用工资劳动者所经营的工业，将来必须作为联合或共同的事业，由作为全体共有的生产机构来经营。无论从理论上或者从历史上看来，都应该认为这是社会主义的最基本的原则。”

马克思的女婿、法国马克思主义者的领袖保罗·拉法格说：“社会主义并不是任何改良家的计划，它是人们的一种理论，他们相信，现在的组织已经面临重大的经济发展，而这种发展的结果，必然要使资本私有制发生变化，以致为劳工团体的共有制所代替。所以，社会主义的特点就在于其历史性的发现这一点。”

恩格斯说：“一旦社会拥有了生产资料，那么商品生产以及与之一起的生产品对于生产者的统治就将被消除。社会生产内部的无政府状态，就将为有计划的自觉的组织所代替了。个人的生存斗争停止了。这时候，人——在某种意义上是最后地——才脱离了动物界并且从牲畜似的生存条件转到真正的人的生存条件。”[①]

果能如此，资本家就可以消灭，工人就可以摆脱工资的桎梏，每人为社会提供力所能及的劳动，社会为每人生产必要的衣食。有分配而无商业。有计划而无投机。有协作而无争斗。哪里会有生产过剩呢？哪里会有危机的袭击呢？人类决不受财富支配，而能支配财富。由于今天经济制度的矛盾而产生的一切灾难，都将被彻底清除，从而达到自然的和谐。

杖底唯云，囊中唯月，不劳关市之讥。
石笥藏书，池塘洗墨，岂供山泽之税。

① 恩格斯：《社会主义从空想到科学的发展》，1957 年人民出版社版，第 80 页。

第五章　社会主义的贡献

谈到这里，将有一团疑云油然而生，涌上大家的心头。这疑团是什么呢？

这就是说，自古以来，人们之所以能够努力奋发，智能提高，品格向上，不正是因为有生存竞争吗？如果大家无衣食之虑，无富贵进取之心，无论贤愚强弱，都固定地保持平等的生活，哪还有什么东西可以鼓舞我们进行竞争呢？没有竞争的社会，就没有勤勉。没有勤勉的社会，就没有活动和进步。没有活动和进步的社会，就只有停滞、落后、腐败。实行社会主义的结果，不就要落到这步田地吗？

不但一般人抱着这种杞忧，就连大学者如斯宾塞也说："社会主义制度完全是奴隶制度。"本杰明・基德也在他的巨著《社会进化论》中说："个人的生存竞争，不但自有社会以来，而且自有生物以来，总是进步的源泉，然而社会主义的目的却要把它完全废除。"同时，今天想讨好于地主、资本家以图私利之徒，也从而夸大这种言论，以此作为抗拒社会主义大势的唯一武器。

社会主义的做法，果真如他们所说，在于剥夺个人的自由，阻止社会的进步吗？如其那样，当然应该加以唾弃。然而，这完全是误解，否则就是诬蔑。

试想，所谓生存竞争是社会进化的一大动力这一点，难道还需要他们来说明吗？自古以来，社会组织的形态不断变化，因而刺激和推动它的竞争本身，也不能不相应地改变它的性质和方式。请看：膂力的竞争变成了智术的竞争；个人的竞争变成了集体的竞争；武器的竞争变成了辩论的竞争；掠夺的竞争变成了贸易的竞争；侵略的竞争变成了外交的竞争。生存竞争的性质和方法，总是随着社会的发展而不断发展，这一点难道还不明显吗？

今日经济上的自由竞争，在产业革命前后，大大促进了世界工商业的发展这一点，我也并不怀疑；但是，需要这种竞争的时代，已经过去了。在今天，自由竞争到底意味着什么呢？难道不是仅仅意味着少数阶级的横暴，多数人类的痛苦，贫富的悬殊，不断的危机，经济界的无政府状态吗？难道不是非但无益于社会的进步，反而助长它的堕落吗？既然这样，我们还有什么理由希望把它保存下来呢？

在原始野蛮时代，暴力斗争是社会发展的唯一动力，然而在今天，它难道不完全是一种罪恶吗？假如有人认为竞争有助于进步，所以连暴力也不应禁止，那么，有谁能不讥笑他荒谬呢？认为在今天自由竞争仍有必要的人，其愚蠢不正与此相类似吗？

而且，要实行真正的竞争，就必须首先使竞争者站在平等的地位，使他们站在同一个出发点上。而今日的竞争又怎样呢？一方是生来就富贵，有足够的衣食，受到足够的教育，还拥有父祖传留的地位、信用和资产；另一方是出身贫贱，生长在冻馁穷苦之中，既未受教育，也无资本，既无地位，又无信用，有的只是赤条条的五尺之躯。使这两方径直进入竞争场里，使其互较短长，看到胜败的结果，就喝彩道：这就是优胜劣败！这难道不是残酷的暴虐行为吗？这还算得上什么竞争呢？

是的，今日的竞争决不是真正公平的竞争，今日的祸福决不是勤惰的报应，今日的成败决不是智愚的结果。只是命运，只是偶然，只同摸彩一般。

不，不仅这种所谓自由竞争不公正，而且就连这种不公正的竞争，在今天也几乎没有进行的余地了。试看，世界上的大部分产业，不是已为侥幸的资本家所垄断吗？世界上的大部分土地，不是已被幸运的大地主所兼并吗？而没有资本和土地的人，不是除了充当他们的奴隶以外别无出路吗？自由竞争，好漂亮的字眼！然而事实上，经济竞争终将不免于绝迹，难道还有待于社会主义把它废除吗？

这样，生存竞争的性质和方法，便不能不经历进一步的发展。社会主义就是相信这个发展的规律，而使社会全体遵循这个规律，使今日卑劣的竞争变成高尚的竞争，不公正的竞争变成公正的竞争，换言之，就是取消衣食的竞争，而实现智德的竞争。

试想，假如人生的进步向上仅仅是激烈的衣食竞争的结果，那么，古今出类拔萃的人物都应该出身于社会最下层的穷苦人家了。但事实却与此相反，伟大人物既不出身于富贵人家，也很少出身于最贫穷的家庭。这是因为，富贵阶级生长在阿谀奉承的环境中，养成骄气和娇气，完全变成晏安的俘虏；而穷苦人民则唯恐遭受饥寒，而终身为衣食忙碌。

高尚的品格和伟大的事业，决不产生在社会的贫富两极上面，而总是产生在中间阶级。因为中间阶级虽有资财，但不足以腐蚀其志气，需要勤劳，但不至疲敝其躯体，有锻炼其智能的余裕，有振奋其意气的许多机会。试看封建时代的武士阶级，其所以能够具有最高尚的品格、最豪迈的气概，坚持道义，难道不是因为他们不为衣食劳其心，有着一心为名誉、道德、真理、技能而勤奋斗争的余裕和机会吗？如果他们生下来就要为衣食而竞争，便只有立刻陷入“素町人根性”[①]之中，怎能承担起所谓“日本武士道”的荣誉呢？

基督严厉谴责富人，说他们难以进入天国，而说贫者有福气。但必须明确，当时犹太的贫民都是从事渔农或手工艺过着独立生活的中等阶级，而决不可与今日人数众多的工资奴隶等量齐观。社会主义的目的，难道不正是使整个社会变成这种中等阶级吗？

比如这里有人，不是为了害怕雇主的责骂，不是为了金钱的报酬，而只是为了热爱工作而从事建筑，只是凭着灵感而挥动其画笔，他们的艺术将达到多么的真、善、美呢？其他深奥哲理的探讨，精密科学的研究，难道不是由于这样所以才大放光彩吗？

再从另一方面看来，今日社会的堕落和罪恶，大半由于衣食的匮乏和为了金钱的竞争。家庭因此而被破坏，妇女的贞操因此而被玷污，士人的名誉因此而受损害，而国家社会的风俗、道德亦因此而被败坏。我国监狱里有囚徒七万人，他们的犯罪十分之七竟是与金钱有关！古人说得好，“金钱就是敌人”，假如社会上没有为了金钱的竞争，社会人心将会多么的纯洁啊！至少今日罪恶的大部分是可以扫除的，而能为我们消灭金钱这个敌人，摆脱为衣食而

① 意为“下贱的商人习气”，是日本封建时代武士阶级鄙视商人的词语。——译者

竞争的野蛮境地的，难道不是社会主义吗？威廉·莫里斯说："到了人不为财货劳其身心的时候，技艺、万物、恋爱等将给予人生以趣味和活动。"这种趣味和活动，将能够为我们开展更加公正、更加高尚的自由竞争，以促进社会的发展。

不应该说，衣食无虑，人就不勤奋了。难道只有财货能够使人勤奋吗？人类的性情并不这样卑污呀！请看从事深山大海的探险、学术上的发明、文学艺术上的创作以及当人们各从其所好、自由活动以施展其才能时，心中必然会涌现出莫大的快乐。何况还有重大的荣誉的报酬，有谁会不高兴地从事劳动呢？小学生孜孜不倦地学习，决不是为了衣食；兵士英勇牺牲，也决不是为了衣食。

今日工人大都厌恶劳动，动辄贪图安逸，这种情况我也并不否认。可是，这难道是他们的罪过吗？就是看戏，观看摔跤，时间久了，也会感到厌倦。何况恶衣恶食，一天从事十几小时劳动，自少壮以至衰老，毫无希望，毫无变化，毫无娱乐。而且，其职业又不一定是他们所喜爱的，只是为了衣食而供人驱策罢了。他们劳动的果实，又大部分为他人所掠夺，他们所得到的，仅够维持活命。怎能不疲劳厌倦呢？今日的劳工为了衣食而受人奴役，有如牛马，他们的身心已不胜鞭笞之苦。他们之所以爱偷懒，完全是由于今日社会制度的弊病所造成的。

人受不了长时期的劳苦，同时也受不了长时期的安逸。假设向今日的工人宣布，从现在起，无偿供应你们衣食，以后你们可以不劳动了，他们起初也许会感到高兴，而大睡其懒觉。可是，这样过了几天、十几天，以至于几月之后，他们一定受不了这种无所事事的生活，而必然要找些工作来做。这是可以肯定的。

所以，在社会主义制度下，有衣食，有休息，有娱乐，然后再按照每人之爱好和条件，每天运用其强健的身心为社会劳动三四小时以至四五小时，反而会成为一种享受。只要是具有人心的人，有谁会逃避呢？这样，"劳动神圣"这句话才会具有意义。

如果说社会主义抹杀个人的自由，那才是荒谬绝伦。我想首先反问说这样话的人，今日果真有所谓个人的自由吗？

也许有信教自由，也许有政治自由，可是信教自由和政治自由，在遭受冻馁的人们看来，难道不仅仅是一句空话吗？归根结底，经济自由是一切自由的前提，衣食的自由是一切自由的根本。而今日果真有这种自由吗？

亨利·劳埃德在美国工联第十三次代表大会上讲演的一节，对于这个问题做了最精确的解答，他说："美国的独立宣言，在昨天意味着'自治'(self-government)，在今天则意味着'自雇'(self-employment)。真正的自治必须是自雇。……可是现在到处可以看到，工人没有自由，需要得不到满足，他们希望八小时劳动，却不得不做十小时、十四小时、甚至十八小时的劳动。他们希望把子女送进学校，却不得不把他们送进工厂。他们希望把妻子留在家中管理家务，却不得不把她们投在机器下面。当他们生病希望疗养时，却不得不从事劳动；而当他们希望劳动的时候，却又要遭到解雇而沦于失业。他们求职而不可得，他们得不到公平的分配。他们不得不为他人的私欲和野心而牺牲自己的、妻子的、子女的四肢体躯、健康、甚至生命。"这种情况难道只限于产业工人吗？今日世界上没有生产资料的人们，难道不都同样遭受着生活的痛苦和不安吗？尽管这样，他们却叫嚷什么自由竞争呀，自由契约呀。这只是强制的竞争，压迫的契约，哪里还有自由呢？

社会主义的主张，就在于摆脱这种强制，解除这种压迫。1891年在爱尔菲尔特召开的德国社会民主党代表大会的宣言有这样一句话："这个社会革命，不单意味着工人的解放，而且意味着在今日社会制度下苦恼着的全体人类的解放。"试想，社会主义一旦实现，社会上就没有受雇主驱使的雇工，就没有受权威压抑的学者，就没有受金钱束缚的天才，就没有为财富而结婚的妇女，就没有因贫穷而不能上学的儿童，到那时，个人的品德将多么地向上，技能将多么地提高，自由将多么地扩大啊！

穆勒说："共产主义的管束，对多数人类说来，比较今日的状态分明是自由的。"他所说的共产主义，就是现在所说的社会主义。

是的，宗教改革为我们解除了信仰的桎梏，法国革命为我们解除了政治上的束缚。而为我们解除衣食上的桎梏、经济上的束缚的，将是什么革命呢？恩格斯把它叫做社会主义革命，并且说道："这是人类从必然的王国进于自由的王国的飞跃。"[①]是的，只能是"自由的王国"。所以，社会主义不依靠国家的保护和干涉，不仰赖少数阶级的慈善施舍。这种国家是全体人民的国家，政治是全体人民的政治。从一方面说，社会主义是民主主义，是人民自治。

今日的国家只是代表资本，代表土地，代表武装。今日的国家只是为掌握这些东西的地主、资本家、贵族、军人的利益服务，而不是为全体人民的和平、进步、幸福服务。如果国家的任务仅仅是这些，那么，社会主义就必须把削弱今日所谓"国家"的权力，作为它

① 恩格斯：《社会主义从空想到科学的发展》，1957年人民出版社版，第80页。

的首要任务。在封建时代,是人类统治了人类。在今日的经济制度之下,是财货统治着人类。在社会主义社会,就必须让人类支配财货,就必须让全人类做万物的主人。哪里还有奴隶制,哪里会抹杀个人呢?不,只有到了这时,人生的意义才能实现。

社会主义不但不承认今日国家的权力,而且坚决反对军备和战争。军备和战争是今日"国家"用来保卫资本主义制度的"铜墙铁壁",多数人类为此遭受了重大的牺牲。今日世界列强为了军备竟然负了二百七十亿美元的国债,仅仅为偿付利息一项,就需要三百万人以上经常的劳动!而且,不得不经常使几十万壮丁服兵役,学习杀人技术,尝受着无谓的辛苦。据说在德国,多数壮丁被征入伍,以致从事耕种的,只有头发斑白的老人和妇女。唉,这是多么悲惨呀!况且战争一旦爆发,就要耗费多少亿国帑,牺牲千万人命,国家社会的疮痍永远不得平复,只"赢得"少数军人的功名和投机商人的利益而已。人类的灾难祸害,难道还有比这更甚的吗?

如果世界各国没有地主和资本家阶级,没有贸易市场的竞争,物产丰富,分配公平,人人各自安居乐业,还要为谁扩充军备,为谁发动战争呢?这些悲惨的灾难祸害将为之一扫而空,天下一家的理想也将得以实现。社会主义一方面是民主主义,同时又意味着伟大的世界和平主义。

因此,我在这里再说一次,不要以为社会主义要废除竞争,社会主义只是要废除衣食的竞争,而这仅仅是为了进一步开展高尚的智德的竞争。不要以为社会主义阻碍勤奋和活动。社会主义所要铲除的,不是勤奋和活动,而只是人世的苦恼和灾难。别说社会主义抹杀个人。恰恰相反,社会主义正是要为多数人解除经济的桎梏，使其充分发展个性。别说社会主义是奴隶制。社会主义的国家不是阶级的国家，而是平等的社会，不是专制的国家，而是博爱的社会。社会主义要使全体人民组成友爱的大家庭，从地方扩展到一国，再从一国扩展到全世界，以享受世界和平的幸福。

果然是这样，还有谁会怀疑，在社会主义制度下，人类品格的向上、道德的发扬、学术的繁荣、社会的进步，将高于今日多少倍呢？

议事者，身在事外，宜悉利害之情。
任事者，身居事中，当忘利害之虑。

第六章　社会党的运动

一切生产资料的公有，财富的公平分配，阶级制度的废除，互助社会的组织，实行这一切，就是一次大革命。那么，社会党就是革命党吗？它的运动就是革命运动吗？是的，正是这样。

可是，怯懦的贵族们，胆小的富豪们，浮躁的官僚们，请不要害怕！今天的社会党并不想无缘无故地向你们的马车投炸弹，并不想喋血于你们的府第，只是要和你们同沐大革命的恩泽，同享大革命的幸福。

试想，古往今来，什么时期没有革命？世界上哪个国家没有革命？社会的历史就是革命的记录，人类的进步就是革命的结果。试想，假如当年英国没有克伦威尔的兴起，美国未能宣布独立，法国人民未能建立共和国，德国未能完成各邦的联合，意大利未能实现统一，日本没有经历维新①的中兴，那么，世界人类现在会是什么情况呢？哪里会有今日的文明呢？害怕革命的先生们，现在你们所歌颂的文明和进步，难道不是过去许多次大革命的成果吗？

社会的状态经常代谢不已，犹如生物的组织进化不已一般。

① 指“明治维新”。——译者

进化和代谢一旦停止，生物和社会也就必然死亡。永恒的生命必然在默默中进化不已，而决不可能停顿下来；社会的状态一定在冥冥中新陈代谢，而决不可能一成不变。在这冥冥的进化代谢过程中，总是由革命来明确地划分大阶段，开辟新纪元。历史好像一串数珠，平时的进化代谢是各个小珠，而革命则是标志数目的大珠。进化代谢的连续，同时又是革命的连续。

拉萨尔说："革命是新时代的助产士。"这样说还不够，我认为，革命不是助产士，而是分娩本身。因为革命不是偶然的事件，而是进化过程的必然结果。旧时代衰老，便产生新时代，新时代长成，又产生另一个新时代，而这些都要经过革命。这和子子孙孙迭相分娩，百世无穷的情况，有什么不同呢？

但是，分娩有难易，革命也不可能没有难易。分娩有时需要剖开母腹，革命也有时不得已而诉诸暴力，当然，这决不是我们所希望的。

诊断母体组织的发育状态，使其保持健康，以便顺利分娩，这是产科医生和助产士的职责。考察社会的组织状态，因其进化的大势而加以利导，以便实现和平的革命，这是革命家的意图。现在的社会党难道不正是以这种社会的助产士和产科医生自任吗？

革命是必然，而不是人为，可以利导，而不可以制造。革命的发生，人力无可如何，革命的消逝，人力也无可如何。而在我们人类希望不断进步发展的情况下，虽然有人害怕它，厌恶它，但决不可能避开它，只应利导它，促成它，使它顺利地而且和平地实现。社会党的任务，唯此而已，岂以盲目杀人制造叛乱，平地起风波为快哉？

在前世纪之初，作为社会党的“陈吴”[①]而崛起的：在英国有欧文，在法国有卡贝、圣西门、傅立叶、路易·勃朗，在德国有魏特林等。他们深刻地指摘现代制度的毒害，热心地促进理想的实现。可是，因为当时社会主义的发展，为时尚浅，研究还不深入，所以他们的计划，终不免落为一种空想，即所谓“乌托邦”。他们之中，有的创办共同生产的工厂，有的开辟共同生活的聚居地，都想按照自己的模型来改造社会，并在一朝一夕之间实现理想社会。他们虽然站在人道的立场，但是尚未能获得科学的根据；虽然试行了建设，但是尚未能按照自然的发展。其结果，相继失败，也是势所必然。

于是，看到这段历史的人就往往说道：社会党的运动只是一时的狂热，他们的计划只是一种乌托邦，终究是不可能实现的，这个运动迟早是要自消自灭的。讲这话的人，是知其一而不知其二。狂热可以冷却，空想可以消逝，而真理怎能永远埋没呢？近代社会主义不就是从这种乌托邦的死灰中重新燃烧起来的吗？

自从1847年马克思和他的朋友恩格斯共同发表著名的《共产党宣言》，详细论述阶级斗争的由来及其发展趋势，号召全世界无产者团结以来，社会主义已俨然成为一门科学理论，已非过去的空想和狂热可比。社会党已经认识到社会是一种有机体，不复企图按照自己头脑里的模型来改造它了。他们相信历史的发展，而绝对不复梦想革命可以在一日之间就能完成。

他们已经看到，仅仅一个小集体的共同生活，一定要被整个社

① 指中国历史上著名的农民起义领袖陈胜、吴广。——译者

会的竞争所冲垮。他们已了解到，与世界形势相隔绝而单独地在一个地方建设完全的理想国，是绝对不可能的。于是，他们便打算不破坏整个社会的和谐，而积极稳步地扩大他们的势力范围，顺应历史发展的必然趋势逐步实行他们的抱负和政策，得寸保寸，得尺保尺，以期最后完全实现理想。那么，他们采取的方法是怎样呢？

他们不是无政府主义者，他们知道实行个人恐怖得不到任何结果，运动必须依靠集体来进行。他们不是虚无党，他们知道一时的暴动不能完成任何事业，所采取的方法必须是和平的。他们的武器只是言论的自由、团结的力量、参政的权利。于是，各国社会党都向政治方面展开活动了。

试想，如果社会主义能成为世界的舆论，人民的大多数成为社会党员，他们都按照普选制获得参政权，社会党议员在各国议会中取得多数席位，其他市省行政机关、城乡自治团体都为社会党所掌握和领导，那么，他们不就可以自由地进行社会组织的改革吗？

但由于各国的文化程度、历史条件、社会情况不同，改造的顺序和方法也就不能不有所区别。因为要按照事之缓急，物之轻重，并适应时间与人事的条件，所以不可能预先决定改造的细节，但是让多数人有参政权，保护妇幼，实行免费教育，限制劳动时间，准许成立工会，充实工厂设备以改善劳动条件等等，必须成为首要任务。如果从一个部门或一个地方，或对于资本，或对于土地，实行逐渐削减少数阶级的独占权利和垄断利益，以增进社会全体成员福利的政策，一步一步地、一层一层地前进不已，那么，终有一天会把一发生产资料全部收归社会公有，这难道还有什么困难吗？

社会党的方针就是这样，至于它的实际贡献和成就，确实值得特别重视。当年拉萨尔曾经叹息说:“唉,愚昧的工人,要到什么时候才能从昏睡中觉醒过来呢?”这话到现在只不过四十年。而在四十年后的今天,德国的社会主义者已达二百五十万人,并且拥有议会议员七十余人;法国的社会主义者亦达一百五十万人之多,并拥有议会议员一百三十人;英国的议会中,自称是社会主义者的议员虽然尚属少数,但该国两大政党近来都争相采取社会主义政策。哈克特曾在议会演说中公然宣称“现在我们都是社会党人”,这决不是说假话。因为各城市的行政大体上都处在社会主义者的指导之下。其他欧洲各国、北美诸邦,凡拥有近代文明之处,都成立了社会党,而社会党一经成立,其势力的发展就如同飞瀑之从天而降,社会主义思想的传播就如同烈火之燎原。

在文明国家的立宪政治下,社会舆论一旦归向我们,政治机关也将归于我们掌握,到了这时,兵马之力也无可奈何,警察之权也无可奈何,富豪阶级也终将无可奈何。社会主义大革命将能堂堂正正地、和平而有秩序地埋葬资本主义制度,宣告马克思所说的“新时代的诞生”,犹如水到而渠成。

啊,革命就是这样到来和这样告成。它将给我们带来和平、进步和幸福。为了社会的百年大计,我认为应该促成它,欢迎它,而绝不应该认为它是讨厌的和可怕的。

蒲柳之姿,望秋而零。
松柏之质,经霜弥茂。

第七章　结论

病源终于找到了,谜语难道还不能解答吗?

产业革命宣告社会组织经历了划时代的巨大发展。产业的规模,对于容许私人经营来说,已经是过于庞大了。生产力对于容许个人私有来说,已经是过于巨大了。因此,它们要求被承认为社会性的,要求被收归公有,要求实行统一分配,可是没有被接受。于是便造成竞争、无政府状态、弱肉强食、垄断,使社会上多数人成为这些垄断事业的牺牲品。

恩格斯说:社会的力量,正如自然的力量一样,是盲目的、强制的、破坏的。但是一旦我们认识了它的性质,便能任意加以驱使,来达到我们的目的,犹如电光可以助人通信,火焰可以供人煮炊。[①] 今日的社会之所以未能从生产事业的发展上得到好处,反而遭受它的祸害,这完全是因为违反了社会发展的规律。然而,一旦了解它的性质和趋势而加以利导,它将如同能够震死和烧死人的雷电、火焰那样,可以变为人类所必需的利器。

现在,不要奇怪为什么学术越进步而道德越败坏,生产越发展

---

① 参看恩格斯:《社会主义从空想到科学的发展》,1957 年人民出版社版,第 75—76 页。

而人民越穷困，教育越发达而犯罪越增多。啊，这完全是由于今日的生产资料私有制造成的。让生产资料归私人所有，犹如让狂人手操利刃，其结果非伤人害己不可。

其结果造成了分配不公，分配不公造成了多数人的贫困和少数阶级的暴富。暴富者就骄奢、腐化，贫困者就堕落、犯罪，举世滔滔，江河日下，乃是必然的趋势。

所以，要拯救这个社会，使其摆脱痛苦、堕落和罪恶，首先需要防止贫富的悬殊。要防止贫富的悬殊，必须首先做到财富的公平分配。要实现财富的公平分配，只有废除生产资料私有制，使其归社会公有。换言之，即只有实行社会主义大革命。这难道不是科学所命令、历史所要求、发展规律之必然趋势，我们想要避免也避免不了的吗？

近世物质文明的宏伟壮丽，只有这样，才能够符合于真理、正义、人道。哪里有真理、正义、人道，哪里就能实现自由、平等、博爱。哪里实现了自由、平等、博爱，哪里就有进步、和平、幸福。人生的目的，如此而已，古来圣贤的理想，如此而已。爱弥尔·左拉说“社会主义是可惊异的救世学说”，此言岂欺我哉？

起来！世界上热爱人类和平，尊重人类幸福，渴望人类进步的志士仁人，起来！起来致力于社会主义的宣传和实现吧。余虽不敏，愿从公等之后！

人生不得行胸怀，虽寿百岁犹夭也。
青天白日处节义，自暗室陋屋中培来。
旋乾转坤的经纶，自临深履薄处操出。

附　录

社会主义与国家

近来反对社会主义的议论很多，其中最有力而又最常见的有两种：一种是把社会主义看做漫无限制地扩大国家的权力；另一种是认为社会主义意味着取消国家本身。这两种说法虽不啻冰炭之不相容，但同样都是谬误。因为前者把社会主义和国家社会主义混为一谈；而后者又把社会主义和无政府主义混为一谈了。因此，我不得不要求社会上许多论者，在反对社会主义之前，首先就社会主义者对于今日所谓国家的态度、社会主义者理想中的国家，进行一番了解。

社会主义的首要目的，固然在于由国家掌握财富的生产和分配。而为了做到这一点，有的人要求把现在的国家多少加以改变，有的人要求把现在的国家加以根本改造，总而言之，任何一个真正的社会主义者都不会满足或信赖于今日的国家。比如德国社会民主党，就公然宣称要消灭国家。对于这一点，如果仅从表面上看，他们有可能被混同为无政府主义，但应该知道，他们所谓“国家”这个名词，正如他们所使用的“资本”或其他名词一样，具有由他们所赋予的、特殊的学术含义。换言之，他们所要消灭的国家，是代表某一阶级利益的国家，或者是某一阶级用以压迫另一阶级而掠夺其利益的国家。

德国社会民主党，正如其名称所表明的，不但是社会主义者，同时又是民主主义者。但由于他们的国家是极端地不民主，这就越发加强了他们对于国家的憎恶。因为他们极端憎恶现在的国家，所以对企图把经济计划交给现在的国家执行的国家社会主义，进行了激烈的反对。在1892年的会议上，他们宣称自己是革命力量，而痛斥国家社会主义是保守的。他们认为现在的国家，不过是"为了维护财产和阶级统治的现今社会关系的有组织的权力"，所以他们要求把这种国家彻底消灭，另行建立不承认一个阶级的利益，而增进一切成员均等利益的组织。不过，他们所理想的增进一切成员均等利益的组织，是否可用"国家"这个名词来表示，那是另一个问题。至于英国的费边社、美国的社会党等，并不主张消灭国家，这是不足为怪的。因为他们的宪法比德国的民主得多，有可能不使用激烈手段就可以达到增进多数人幸福的目的。

社会主义和民主主义，犹如鸟之两翼，车之两轮，因为它们的目的一个是从经济上、一个是从政治上提高多数人共同均等的幸福。所以真正的社会主义者，必然是真正的民主主义者。专制国家的社会主义者必然争取建设民主的国家，民主国家的社会主义者必然要求其国家更加完美，只是采取的手段缓急不同而已，他们没有不热心于政治改革的。他们认为最接近理想而加以赞美的，是瑞士的政治制度。瑞士的让全体人民直接投票以决定法律可否的公民投票、赋予多数人民以建议权的公民创制权以及人民在立法院代表人数比例上最公平的比例代表制的选举法等，都是大大地发扬了民主精神，是社会主义者所梦寐以求的。

社会主义者就这样深深感到现代国家中央集权的弊害，所以主张地方分权，这是自然的。他们认为为了让人民办理或接近于人民的事业，有必要使中央政府把许多公共事务交还给地方自治团体。我们主张尽量削减中央政府的职权和权力，把国家变成地方市省镇村的自治团体的联合组织，使中央政府成为仅仅把这个联合组织加以统一，并且公平地代表共同利益的工具。他们坚决要求一切政治、一切组织保证财富的共同生产的公平分配；坚决要求它们保证全体人民安居乐业并得到充分发挥智能的地位和机会。因此，他们主张把经济和教育这两项事业交由公共（不是国家）管理，除了经济和教育两项事业以外的其他事业，决不希望政府干涉。不但如此，他们也像现在的自由主义者那样，主张充分地自由放任。例如国教是和社会主义完全不相容的，因此，德国社会民主党在其纲领中明确规定宗教为个人的私事，因为他们不是希望人支配人，而是希望人支配物。

与卡尔·马克思一同被称为德国科学社会主义祖师的弗里德里希·恩格斯说："当社会上没有必须被压迫的阶级的时候，当从现代的生产无政府状态中产生的、一个阶级对另一个阶级的统治和生存斗争不再存在的时候，以及当由此产生的冲突和暴力行为都一起消灭了的时候——那时候，便无需压迫什么人和束缚什么人了，那时候，现在执行这个职能的国家政权也就失去其必要性了。国家以全社会的真正代表的资格所做的第一次行动——将生产资料变为社会所有，——同时也将是国家之所以为国家的最后一次独立行动。国家政权对于社会关系的干涉，将逐渐成为多余的而自行停止下来。”①

社会主义者所理想的国家，就是这样。他们决不主张国家万能主义而抹杀个人的自由，也不是完全忽视社会秩序，想破坏它的团结组织。他们只是要求多数人的幸福和平等的利益。社会上批评社会主义的人们应该注意到这一点；至于社会主义制度与君主制度能否并存，那是另外一个问题。

（《日本人》杂志第156期，1902年2月5日）

社会主义与公民立法

我和世界各国的社会主义者一样，从社会主义的立场，迫切希望我们日本能够早日实行 referendum 和 initiative。因为一时还想不出适当的字眼来表示它们，所以暂且把前者译为公民投票，后者译为公民创制权。

人们常说荒谬、无聊，恐怕再没有比日本人所谓的参政权更荒谬、更无聊的了。假如已经实行普选，那还可以；然而现在的日本，不是还保留着纳税资格这种落后的、荒谬的东西，以致四千五百万国民中有选举权者不过一百万人左右吗？假如实行比例代表制的选举法，让这一百万有权者都能够选出代表，也还可以；然而除大政党以外的候选人，不是大都要落选，而真正能够选出代表的，不是一百万人中只有五六十万人吗？即使这五六十万人的意见也好，如果确实能够在议会中得到反映并贯彻执行，也还可以；然而

① 恩格斯：《社会主义从空想到科学的发展》，1957年人民出版社版，第77页。

这些代表不是一进议会,就完全变成了政府的奴才吗?换句话说,日本人中有参政权的,不但是国民的极少数,而且这极少数人行使参政权,也只是在他们把选票投进票箱的一刹那,除此以外便完全不可能了。在这种情况下,还谈什么参政权云云,那简直是滑天下之大稽。假如参政权有灵,恐怕要噱然失笑,愀然涕泣呢。

如果真正贯彻政治的根本精神,应该是人民直接行使政权,但社会的实际情况不允许这样做,所以只好委托少数官吏和议员做他们的代表,这是不消说的。所以,不但我,而且许多学者,甚至对欧美各国的代议制度,尚且认为距离政治的理想很远而深感不满。因此,他们正在积极设法以使公民参政能够取得成效。而在我们日本,不仅谈不上参政的成效,甚至这种不能令人满意的普通代议制都做不到,实际上还不能摆脱君主专制、寡头政治的落后状态。这对于要求我国政治的进步和发展来说,不是值得深深考虑的吗?

那么,怎样才能使公民参政权收到实际效果呢,怎样才能多少接近于政治的根本精神呢?为此,普选固然迫切需要,公平的选举法固然也迫切需要,但仅仅这些,还是不够的,因为这种参政权的实际效果,也只限于投票的一刹那,所以还要百尺竿头更进一步,主张公民投票和公民创制权。

公民投票是就议会通过的重要法案征询人民的意见,经过人民同意之后才作为正式法律。公民创制权是由多数人民联名就重要法律的修改、废止或制定,提出建议,也是经公民投票来决定的。有了这两种制度,人民才能真正参与政治,才能够制止不代表人民意志的官吏和议员的非法行为。在欧美各国中实行这两种制度的,是瑞士联邦共和国。我当然不是主张照抄瑞士的制度,而是认为这种办法可以供我们参考。

不论在任何国家，凡是两院通过的法律，都从规定的日期起生效；但只有瑞士不是这样。在瑞士，除了紧急的或其他特殊的法律以外，任何法案都得在各州布告九十天，如果在限期内有三万人请愿，或由八个州的政府要求就该法案举行公民投票，就必须举行公民投票，以决定是否可行。不过，到现在为止，所举行的公民投票，并不是由于州政府的要求，而全是由于人民的请愿。三万人相当于全体公民的大约百分之一，有权者总数的二十分之一。一旦请愿人的签名达到定额，便在联邦各州同时举行投票，投票日期必须在命令发布之日起经过四个星期以后。从 1874 到 1893 年期间公布的一百六十四项法令中，被要求举行公民投票的有十八件，其中有十二件被否决，这就是说，被要求举行公民投票的法令占全部的百分之十强，而且其中多数被否决了。

公民投票并不限于对联邦议会的法案，各州也对州议会的法案举行公民投票。不过，各州的制度多少有些不同，有的州对重要法案一概举行公民投票，也有的在多数州民提出要求后才举行公民投票。这后一种情况，提出请愿者签名的期限一般为三十天左右，请愿者的定额为该州有权者的五分之一到十二分之一。

在这里应该特别注意的是，这个国家的人民和州民要求举行公民投票，决不是出于一时的感情冲动，而是严肃而积极地行使自己的权利。无论政府或者议会都必须服从他们的命令，不像日本这样无视民意，敷衍了事。

公民创制权也是长期以来为瑞士联邦各州所采用。当州民要求修改、废止或制定某种法律时，可以征求多数人同意，说明理由，向州议会提出，其人数定额与公民投票的比例略同。这时，议会必须在一定期间内（有的州是两个月）依此拟就法案，同时议会也另附议会自己的法案和意见，让州民举行投票，一经采纳立即成为法律。在这里，人民确实牢牢地掌握着直接立法的权利，而且同样极其严格而慎重地行使这种权利。这个制度从前只在各州实行，到1891年修改宪法以后，就在联邦范围内被采用了。

根据这个制度，如果有五万人要求在宪法中加进某种条款或章节时，联邦议会就必须马上研究他们的要求，并依此写成法案，交付公民投票表决。如果联邦议会不同意他们的要求，就要作为先决问题提出宪法应否修改问题，交付公民投票表决，如被采纳，再把具体法案诉诸公民投票。如果人民提出具有详细内容的法案，议会可以表示同意，或提出不同法案，或提出内容完全相反的法案，让人民做出抉择。但议会的提案必须在其收到请愿书后一年内拟就，过了这一限期，便算是已经同意，而交付公民投票表决。由于这种办法，联邦的宪法屡被修改，大大促进了该国政治的进步和发展。

在我们日本，修改宪法的创议权完全掌握在天皇一人手里。只要现行宪法不被修改，我国人民固然谈不上关于修改宪法的创议，就是对于一般法律，也得不到公民投票权和公民创制权，这是众所周知的事。我绝没有试图“乱改”宪法的意思。

可是，今日的国民参政权确是毫无意义，政治的根本精神无疑在于人民直接参与政治，而公民投票和公民创制，也确是向政治的根本精神靠近一步。

请想一想，假如我国人民早已获得公民投票和公民创制的权利，藩阀政客还能保持他们今天这般好运吗？毫无道理的军备能够得到扩充吗？苛重的捐税能够被接受吗？高野问题能够拖延到今天还得不到解决吗？矿毒事件[1]还用得着直接向天皇提出控诉吗？只就这些例子就可以知道，我国人民的权利是怎样地被蹂躏，舆论是怎样地被无视，因为国家政权被一小撮人所窃取，以致做出多少不公正、不道德的事，使国家遭受多少损失和多大的玷辱！我们日本人民是否应当永远容忍这种状况呢？是否能够永远容忍这种状况呢？

日本的政治如能摆脱君主专制寡头政治的境况，而不断进步发展，总有一天会遇到采用这种制度的时机。至于这种时机要经历怎样的过程才能成熟，要经过什么手续才能成为事实，这是另外一个问题。不过，既然一定要遇到这种时机，我就衷心希望它能够早日实现。而如果这两个公民立法制度能够实行，那么社会主义的目的也就大部分实现了。

（《万朝报》第3000号，1902年1月27日，原题为《直接参政论》）

社会主义与国体

不久以前，在演讲社会主义概要的一次集会上，首先提出来的一个问题是，“社会主义是否与我国国体相矛盾呢？”想来，凡是反对社会主义的人，似乎都对这一点抱着疑问。不仅如此，现在甚至

① 1880年代，大资本家古河氏经营的铜矿排出的矿渣毁坏农田，严重危害农民的事件。为了援救农民，田中正造曾向日本政府和议会控诉，无效，不得已径向日皇控诉，结果被捕。——编者

有人公然主张社会主义危害国体呢。“危害国体”这句话实在可怕得很。不管是人也罢，主义也罢，理论也罢，一旦被天下多数人扣上“危害国体”这顶帽子，那么，这个人、这个主义、这个理论，简直等于完全被扼杀了，至少也是暂时抬不起头来。所以，有些卑鄙的家伙，当靠谈理论讲道理不能取胜的时候，就简单粗暴地利用“危害国体”这顶帽子来把对方压倒。而不了解被反对者的真相实质的人们，大都盲目附和“危害国体”的说法，以致这种卑鄙的手段往往得逞，不知杀害了多少伟大人物，毁灭了多少崇高的主义，埋没了多少金玉名言。所以，当人们听到“危害国体”的叫嚷时，不应该立即相信，而要擦亮眼睛来仔细辨明事物的真相。

不知是幸还是不幸，我不了解历史，又不通晓国法学，所以不懂国体的定义究竟是什么，也不晓得国体这种东西是谁创造出来的。但按照通常的解释，日本似乎把君主政体——不，与其说是君主政体，不如说是两千五百年一贯的皇统——称为国体。诚然，这是古今任何国家所没有的，在日本人看来，当然是无上的光荣。所以一听到国体这两个字，大家便觉得非常兴奋，这是可以理解的。可是，社会主义同他们所说的国体——两千五百年一贯的皇统，当真有矛盾冲突吗？对于这个问题，我必须坚决给予否定的回答。

社会主义的目的在于谋求人民的和平、进步和幸福。为了达到这个目的而打倒对社会有害的阶级制度，使全体人民得到平等的地位，这就是社会主义的实践。这与我国国体有什么矛盾呢？打倒有害的阶级制度，决不是社会主义发明的，很早以前就已经实行了。事实上，维新革命时就曾经宣布四民平等，这难道不就是打倒有害的阶级吗？那次打倒阶级，难道不是非但不与我国国体相矛盾，反而完全与之相吻合吗？

日本封建时代最有害的阶级，就是掌握政权的武士阶级。因为打倒了这个阶级，全体人民就得到了在政治上完全平等的地位和权利。社会主义革命就像维新革命打倒武士阶级一样，要打倒富豪阶级，使全体人民能够得到在经济上平等的地位和权利。如果说这种打倒阶级与国体相矛盾，那么，维新革命也应该被认为与国体相矛盾；不但如此，宪法、议会、选举，也都应该被认为与国体相矛盾了。

社会主义当然不是为了君主一人，而是为了社会上的全体人民，所以它和进步的民主主义是一致的。但尽管这样，也决不能说它与国体相矛盾，因为君主的目的和职责也不外是为全体人民谋福利。所以，自古以来被称为明君贤主的君主，必然是民主主义者。采取民主主义的君主，必然实行一种社会主义而受到人民的欢迎，歌颂他的德政。

西洋的社会主义者也决不认为社会主义与君主制有矛盾冲突。不论君主制或民主制，只要实行社会主义，就一定繁荣，违反社会主义，就一定衰落，这几乎成了一个定律。在这一点上，托马斯·柯卡普在其《社会主义研究》一书中所说的，正与我们的意见相同。他说："社会主义自然同进步的民主主义相吻合。但实际上，这种运动的领导并非必须是民主制的，就像德国罗德伯尔托斯的计划那样，并非一定不能由帝王担任领导。拉萨尔的理想是这样。俾斯麦在某种程度上也这样做了。实际上，已经对于向富豪阶级的让步感到不耐烦的帝王，毅然决然和城乡劳动人民直接联合起来建立一个社会主义帝国，决不是一件难事。这样的帝国可以任用有才能的官吏，并且受到热心于改进社会的人民这个军队的拥护，将日益强盛起来。一旦时机成熟，即对于帝王自己来说，实行这种政策，也比勉强奉承资本家阶级要好得多。”

柯卡普还论及各国间的竞争，他说道：“各国之间的竞争至少到最近的将来为止，无疑将愈演愈烈，在这一点上，让人民首先得到社会组织的协调，也有莫大的利益。首先，提高多数劳动者的才能，培养他们诚实坚强的性格，即领导受过自由教育的、团结的人民的国家，对于领导一个落后的、抱有不满情绪的、无知的贫民的资本主义国家，在今天的科学战争中，无疑将取得巨大胜利。这就等于第一次革命时期法国军队的热诚，再加上今日完整的科学所得到的那样结果。”所以，能够采取社会主义的帝王和国家，比较那些依靠富豪的帝王和国家，要强盛得多，社会主义并不是非排斥帝王不可的。

但必须重复一遍：社会主义是以谋求社会上全体人民的和平、进步和幸福为目的，而决不是为君主一人服务。因此，像那胡说什么“朕即国家”的路易十四那样的极端个人主义者，当然是社会主义的敌人。像主张“与民同乐”的文王那样的社会主义者，无疑将受到人民的欢迎和爱戴。而我们日本的皇祖列圣，尤其像那宣称人民的财富即朕的财富的仁德天皇，可以说是与社会主义完全一致，并无任何矛盾。不但如此，日本的皇统之所以连绵不绝，正是因为皇祖列圣一贯谋求全体人民的和平、进步和幸福，因而带来了这样的繁荣。这是东方社会主义者应该引以为荣的。所以，我甚至认为反对社会主义，才是与国体相矛盾的。

（《六合杂志》第 263 期，1902 年 11 月 15 日）

社会主义与商业广告

维新后三十年来，我们日本的社会一般说来都有进步发展，但没有任何东西像商业广告发展得那样快。

维新以前的商业广告，只是一些简陋的、用木版印的传单，或是十字路口的招贴，至于洋货店或化妆品等，充其量也不过偶尔委托言情小说的作家在他们的作品中宣传一番。另外，也就是像京都、大阪那里的串街广告业者，这在东京也可以看到，他们一面走着，一面敲着梆子进行宣传。那么，今天情况是怎样呢？左边是广告，右边也是广告，真是广告头碰头，拥挤不堪。维新以前所谓"繁花似锦的大江户"，突然变成广告的东京了。过去，只是在通俗读物上附带地登上一两行，现在竟然登在各种报刊、书籍前后的显著地位，威风十足，它甚至比正文篇幅还要多。这与其说广告登在杂志上，倒不如说杂志登在广告上更恰当些。这样，不但广告的数量增加了，而且技巧手法也有了惊人的发展，并且还在继续发展着。

这种进步和发展究竟原因何在呢？它对于社会的影响及其利害又怎样呢？对其利害的结果应该怎样处理呢？在我看来，这是必然要发生的问题，也是不能不发生的问题，同时又是饶有兴趣的一个问题。

首先，广告的目的并不仅仅是把他们的生意和商品向社会上吹嘘宣传，这是值得注意的一点。他们的真正目的在于保持和扩张自己的生意的同时，夺取他人的生意和销路。这是完全由于，今日的经济制度是自由竞争的制度，因而非战胜同行的竞争自己就不能存在。如果把广告简单地看做宣传的手段,那就大错特错了,因为他们有必要通过宣传夺取他人的顾客,以便在竞争中取得胜利。

事实胜于雄辩,越是竞争激烈的商品,它的广告就越多。例如药品、香烟、啤酒、肥皂、牙膏、化妆品、洋货等大体上每家的货色都差不多、谁都能仿造从而竞争比较激烈的商品,就要靠广告的优劣来决定销路的好坏。所以,广告的多少就成了表明自由竞争激烈程度的标志。因此,一听到甲杂货店今年付出了一千元广告费,于是乙杂货店就在下年度投下一千五百元广告费来争夺顾客,然后,甲又再投下二千元。这样,广告费就日益增多。至于做广告的方法也是这样:甲做水墨画的招贴,乙就做彩色的招贴,乙登上十行的广告,甲就登上二十行的广告,这样竞争再竞争,以致造成今日这样的盛况。这和各国进行扩充军备的情况是一模一样。因为彼此都在拼命地竭尽所有的财力来增加广告费,所以广告费的增长,几乎是无止境的。例如,现在驰名的和平牌肥皂,成本的三分之一就花在广告费上面。至于广告的竞争给社会带来的利害怎样呢?关于广告的利益,这是尽人皆知的,第一是便利顾主,第二是扩大销路,从而可以增加生产,发展工商业。但反过来检查一下它的弊害,就会令人不寒而栗。广告的弊害可以大致分为以下三方面:

第一是破坏自然美。爱美原是人类高尚的品质,天然美景对于培养这种品质尤为重要。特别是近代文明的一种弊害,是使得天下之人都为物质利益而奔走钻营。为了矫正这种弊害,使人感到培养爱美心是越来越迫切需要了。但是,近来商人为了做广告宣传,到处竖起极端粗俗恶劣的油漆招牌,无情地破坏天然的美景。读者只要走出东京一步，就可以接触到许许多多这类例证。经常欣赏高尚的美术品或者音乐，可以培养高尚品质；反之，经常看到他人或自己动手屠杀鸟兽，就会变成残忍。听到小鸟的啼啭，有的人就想起作诗，有的人就想赶紧拿出猎枪射击。这种广告破坏天然美景，使得几十万人看了就感到讨厌，觉得不快，但习惯成自然，到后来就会满不在乎，由此可见它是多么地损害人民的品质。村井商店曾经在风光明媚的京都东山竖起了“日出”[①]的广告牌，后来因为离宫方面也觉得刺眼，而被拆掉了。商人固然唯利是图，但在东山上也来一个“日出”的广告牌，这不仅仅是粗俗恶劣，而简直是残忍了！

第二是败坏道德，有伤风化。如前所述，广告的目的既然在于战胜同行的竞争，那么，只是宣传吹嘘，还嫌不够，还要想尽办法来勾引顾客到自己这边。随着竞争渐趋激烈，其手段方法就顾不得正当与否，即使诱骗、欺蒙，也在所不辞，真是无所不用其极。试看那些药品的说明书，什么“功效如神”呀，“致谢信堆积如山”呀，好像只要有了它，医生、医院全都不必要了。甚至还有的说明书上附带一些极端淫秽的文章和图画，来引逗青少年的情欲。其败坏道德，有伤风化，诚非浅鲜。所以，手段方法越高明，弊害也就越严重。但上述两种弊害，只要每个人自己注意，多少还可以防止，至于第三种弊害，使得整个社会不可避免地遭受严重的损失。

这就是造成社会财富和劳动力的浪费。社会财富由于广告而

① 想系烟草之类商品的商标，但已无法查考。——译者

被浪费掉的数量十分庞大。据某人调查,美国一年的广告费达到五亿美元,即十亿日元,相当于日本政府总预算的四倍。其中正当的宣传费只有五百万美元,就是说,只要有一千万日元,就足够了,其余完全浪费在为了竞争而采取的多余的手段上。

日本的广告费,当然没有达到这个程度,可是同日本的财富比较起来,还是浪费了相当惊人的高额。我还不能做出精确的统计,但约略估计一下,光是东京的各报纸,每月就收广告费七万日元左右,大阪每月三万日元左右,共计每月十万日元。此外,各个地方仅报纸一项的广告费,每月就达十万日元。另外还有杂志广告,招贴广告,传单、乐队、请客等费用,统统加在一起,完全可以断言,日本商业每年要付出广告费三百万日元。而且这个数额还是逐月逐年地以惊人的比率在不断增加。那么,这每年三百万日元的巨款,究竟是从哪里来的呢?

如果以为这是商人从腰包中掏出来的,那就大错特错了。不用说他们早已把这笔广告费计算在商品的代价里了。即使是一支香烟,我们也要付出若干广告费。商品的价格确是相应地提高了。这难道不是人民大众多余地付出那么多代价吗?

现在社会上有很多贫民,如果用三百日元可以养活一个五口之家一年的话,那么,我们不是可以用每年花在广告上的三百万日元,来维持五万贫民的生活吗?一方面生活困难的贫民在逐年增加,另一方面社会财富的浪费额也这样逐年增加。这不但是社会的损失,而且是人道所不容许的。

除了这种大量财富的浪费以外,还要为广告的竞争耗费大量的聪明才智、技术和劳动。这种能力如果用于生产或者崇高的事业上面，将会给整个社会带来多大的利益呢？这些都是值得政治家们好好研究的问题。

对于如何纠正上述广告所产生弊害的办法，日本好像还没有人研究过，但在欧洲很早以来就提出种种意见，现在有的国家为了制止广告的盲目泛滥，对它实行课税。例如英国，也为了防止广告损害天然美景，有人主张除非得到工商局的批准，一概不许滥立广告牌。这当然也是一种办法，比较现时完全放任，无疑要好得多。可是，工商局并不是美术专家，请它来区别这里是名胜，不能批准，那里不是名胜，可以批准，这不是有点不对头吗？还要特别注意的是，这种干涉很容易产生流弊，而且只是保护天然美景，还不能纠正全部弊害。至于课税论，如果只是为了增加国库收入，也许还可以考虑，但它决不能达到减少广告的目的。如果对广告课税，那么只有相应地抬高物价而已。既然竞争者多，又必须在竞争中取胜，而取胜的唯一手段就是广告，那么，无论课征多么重的捐税，也是不可能把它制止的。果真把广告停止了，就会造成企业的破产。所以，课税的结果必然是物价上涨。如果说真正解决广告问题就是全部消除弊害，那么，课税是姑息的办法，工商局的批准也是姑息的办法。这除了使那些商人感到没有做广告的必要以外，别无办法。而为了取消这种必要，只有废除自由竞争的经济制度。如前所述，广告完全是自由竞争的产物，越是竞争激烈的商品，广告就愈多。试看邮政、电报等，因为没有竞争，所以没有付出广告费的必要，因而它们的费用也低廉。假如把邮政、电报等由私营公司经营，并进行自由竞争，他们就一定要大做广告，宣传本公司邮送如何便利，电文如何准确，投递如何迅速，千方百计地设法推销自

己公司的邮票，其结果，就要把广告费计算在内，而使今天每封信所贴的三分邮票涨到四分五分。只是因为它们是社会公有，没有竞争，所以除了正当的通告以外，不做广告。铁路也好，轮船也好，如果没有竞争，就用不着做虚夸的广告。此外，香烟、肥皂、药品，也都是一个道理。

这样，广告的原因是竞争，而竞争的原因就是资本和土地的私有。因为每人都想利用其私有的资本和土地赚钱，所以产生了广告。如果使土地和资本归社会公有，一切生产事业都由社会公营，即实行社会主义，那么，自由竞争所产生的弊害就将全部消除，从而商品价格变为低廉，数量增多，不但人民的生活富裕起来，劳动时间缩短，大家都得过舒服日子，就连现在为广告竞争煞费苦心的商人、资本家们，也将能放下包袱而感到轻松了。这是根本解决问题的办法。

（出处不详）

社会主义与妇女

从前，男人总认为妇女性情乖僻，叹息女子难养，谩骂妇女不能成佛，以不把妇女放在眼里为大丈夫而自豪。与此相比，近来关于妇女的研究、议论日益增多，甚至出现了称为妇女问题专家的作家，这似乎是一个可喜的现象；但如果仔细检查一下他们研究的目的和方法，就令人感到很多地方不能符合我们的要求。

我们看到了许多作家和著作，有的深入细致地分析妇女的生理和心理特点；有的收集挖掘妇女日常生活的秘密，把它揭露出来，使读者有如亲临目睹；有的攻击妇女的缺点和罪状，几至体无完肤；又有的同情妇女命运的不幸和遭遇的悲惨，一字一泪。然而是否可以说，他们已经解决了今日的所谓妇女问题呢？

请看，他们给我们讲的无非是，男子怎样才能得到妇女的爱情；男子怎样玩弄妇女；现今的妇女是多么不值得尊敬；现今的女学生是多么可恶；雇用女工的工厂主怎样残暴和肆意虐待她们；等等。换言之，他们所告诉我们的，就是妇女可以玩弄，女学生可憎，女工可怜，如此而已。这比叹息女子难养的时代，究竟前进了几步呢？对于二十世纪的妇女问题，究竟能够解决多少呢？

今天，许多妇女确是做了男子的玩物，确是做了男子的寄生虫。可是，妇女是否将永远这样呢？是否必然要永远这样呢？不，自古以来，随着社会文明的演进，妇女的地位在不断提高，这是无可争辩的事实。妇女参加社会组织担任比较重要任务的社会，是比较文明的社会这一点，也是无可争辩的事实。社会文明的进步和发展，总是要求妇女的地位逐步提高。可是，今日的妇女问题专家们的目的和方法，果能符合这种要求吗？

请想一想，妇女所以甘受男子玩弄，是因为她们没有取得独立。妇女所以成为男子的寄生虫，受到各种肮脏的诱惑，或沦落到悲惨的境地，也是由于未能得到独立，是因为她们在知识上、经济上未能得到独立。这原因何在呢？是先天的呢，还是后天的呢？不，这是由于社会制度本身虐待她们，凌辱她们，把人变成工具，把万物之灵变成了劣等动物。

历来的社会制度不让妇女受教育，不让妇女有财产，不许妇女独立，宣告妇女如果不愿做男子的玩物，不愿做奴隶和寄生虫，就不准活下去。在这种情况下，还能怪妇女性情乖僻吗？还能怪妇女脆弱吗？能怪许多妇女不能克服各种诱惑，以致做出败坏道德的事，沦落到悲惨的境地吗？请再看看，今日的社会为什么这样残暴地虐待妇女、凌辱妇女呢？这个道理是很容易明白的。因为今日的社会不是互助合作的社会，而是自由竞争的社会；不是相亲相爱的社会，而是弱肉强食的社会。所以人们常说，你不杀我，我就要杀你。不错，人不能不生存，为了生存就不能不竞争，竞争到了极点，就不能不消灭别人，掠夺别人。国与国之间如此，人与人之间如此，男人与男人之间如此，女人与女人之间也是如此。怎能怪男人把女人当做工具、当做奴隶呢？如同士兵为国家牺牲，工人为资本家牺牲那样，女学生、女工、妓女，甚至妻女，都不能不为男子各种竞争的利益而牺牲，这在今天的社会条件下是必然的。

所以，二十世纪的妇女问题，确是重大的社会问题。而为了解决这个问题，首先需要把妇女从奴隶地位解放出来，使其成为平等的人，使其在知识上和经济上得到独立。为了做到这一步，必须把现今社会的自由竞争的组织，变成互助合作的组织，变成不牺牲别人而能各自独立的组织。这就是实行社会主义。

有人看到我们提倡社会主义，就说：难道你们是主张共产，主张共妻吗？唉，这是什么话！这完全是把妇女看做商品的旧思想。社会主义的理想既不主张共妻，也不主张妇女为其丈夫所占有。人是平等的，妇女也是平等的人，不能成为他人的占有物。只有她自己才是她的所有者。妇女也只有参加全社会的知识、财产的平等分配，才能取得个性的独立。只有这样，妇女问题才能真正得到解决，不像小说或报刊的出版那样只要销路问题解决了，全部问题就解决了。

（《万朝报》，1902年10月10日）

立言者，未必即成千古之业，吾取其有千古之心。

好客者，未必即尽四海之交，吾取其有四海之愿。

题　　解

平野义太郎

一

夏目漱石在他的小说《从那以后》里描写了日本的特务政治：派警视厅的特务整天到处追踪着幸德秋水等社会主义者，并且用他那独特的笔锋，把这种政治讽刺为“现代滑稽的标本”。司法当局并未掌握任何“大逆不道”的事实证据，而审判也是在秘密中进行的，竟然对幸德秋水等人判处了绞刑。当时住在粕谷村的德富芦花[①]听到了这个消息，就预言道：“皇室的寿命将缩短”，“革命终将到来”。石川啄木[②]也由于这次“大逆事件”的影响，思想有了转变，写了《日本无政府主义者阴谋事件及其附带现象》一文。秋水的思想就这样地震动了天皇制下的整个日本。

从那时起，日本统治阶级从所有的学校和图书馆里没收了幸德传次郎（号秋水，1871年〔明治4年〕——1911年〔明治44年〕）的全部著作和有关社会主义的书籍；事实上，到第二次世界大战结束为止，就连东京帝国大学医学院也一直忌讳用“社会医学”作为讲座的名称。因为凡是带有“社会”二字的东西，都一律被看做和“社会主义”有着某种联系。虽然如此，秋水在狱中完成的《基督抹杀论》一书在他被处死后还是得到正式批准而出版了。但是，在第二次世界大战后的今天，这本书反而未能重版（出版《选集》时，也因顾虑麦克阿瑟司令部的检查，而把它抽掉了）；他的另一篇名著《二十世纪的怪物——帝国主义》，直到最近才被列入《岩波文库》里出版。这难道说，四十年

①② 德富芦花（1868—1927）、石川啄木（1885—1912）都是日本近代著名的文学家。——译者

前死去的秋水,今天仍然在使统治者发抖吗? 看来,“死诸葛惊走生仲达”这句古语,也适用于秋水的场合。

总之,残暴的国家权力和眼睛看不见的压力,把秋水的著作长时期埋没了。他在被宣告死刑(1911 年 1 月 18 日)到登上绞架(同年 1 月 24 日)的仅仅四天里,在暗淡的灯光下挥动着因为严寒而冻结的笔写成的那篇宏论《论暴力革命》——《狱中手记》,死后也没有交给遗属,经过四十年,到这次大战结束为止,一直被封存在衙门里。这就证明了,所谓“大逆事件”彻头彻尾是统治阶级的捏造,这件事使他们感到多么的理亏胆怯啊!(神崎清编《狱中手记》,《大逆事件记录》第 1 卷。)

二

《社会主义神髓》、《帝国主义》和《平民主义》这三部著作,反映了明治时代日本社会主义思想家和革命家幸德秋水最活跃时期的思想内容。

《社会主义神髓》一书是在明治 36 年(1903 年)7 月出版,到同年 11 月已出到第六版,明治 38 年(1905 年)又出第七版,流传极广,后来成为社会主义的重要著作。这本书在第二次世界大战结束后又出了四种版本。其中,《社会主义的主张》(第四章)和《社会主义的贡献》(第五章)这两章,可以说没有任何别的日本人能够这样系统地写出来,所以特别受到日本青年的爱读。

这些著作,作为我国社会主义者第一次比较系统地阐述社会主义的文献,在其中引用了美国伊利教授的《社会主义与社会改革》,参考了《共产党宣言》、《资本论》、《社会主义从空想到科学的发展》等经典著作及其他有关社会主义论著。通过它们,可以看出当时我国社会主义的先驱者、特别是以秋水为中心的比较科学的和革命的社会主义者的思想内容和思想水平、他们所受到的国际思想影响。

本书又在明治 40 年(1907 年)3 月,由中国人创生翻译成中文。(中文版《社会主义神髓》,东京奎文馆书局出版。)

《社会主义神髓》的初版,是由《万朝报》社出版,后来东京堂也参加这一工作,其第七版是由分社出版。

秋水发表这部著作不久,就集中全部精力投入反对日俄战争的斗争。他所起草的《日本社会党致俄国社会民主党的反战宣言》(《致俄国社会党书》),

曾刊登在普列汉诺夫主编的《火花报》上,《火花报》的复信也登载在《平民新闻》(明治 37 年即 1904 年 3 月 13 日第 18 号)上。这样,就在统治阶级所发动的日俄战争的高潮中,两国人民为争取和平而携起手来,并且缔结了日俄两国社会党的反战同盟。(详情参看平野:《国际和平与幸德秋水》,《世界的社会科学》第 1 号,白日书院,昭和 23 年即 1948 年。)

《社会主义神髓》出版的翌年,就在日俄战争的最高潮中,由于秋水和堺枯川(即堺利彦)两人的苦心合作,完成和出版了《共产党宣言》的第一个日译本(明治 37 年即 1904 年)。这个译本出版后即成为定本,曾在很长期间内在社会上广为流传。秋水在《神髓》中也指出,自从马克思在《共产党宣言》中"详细论述了阶级斗争的由来及其发展趋势,号召全世界无产者团结以来,社会主义已俨然成为一门科学理论"(第六章《社会党的运动》)。《平民新闻》因为刊登《共产党宣言》而被提起公诉,各国社会党曾对此向日本政府提出了抗议。(1905 年 1 月 15 日。)

现在,bourgeoisie(资产阶级)、proletariat(无产阶级)这两个名词已经完全成为日本语了;而当时秋水为了翻译这两个名词,却费了很多心血。

"社会党常用的 bourgeoisie 这个名词,以往有人译为中等市民,有人译为资本家、富豪或者绅商,都不能完全表达社会主义者所谓 bourgeoisie 的含义。我在几年前和堺枯川合译《共产党宣言》时,两人研究了好久,最后才同意把它译为'绅士阀'。当然,这里所谓绅士,并不是指品格高尚的 gentleman,而只是日本语里的所谓绅士即老爷的意思。我想,它可以表达与劳动者相对立的中等以上的阶级。"(秋水:《翻译的苦心》。)

《共产党宣言》的最早的中译本,是从幸德秋水的日译本转译的,bourgeoisie 一词也译作"绅士阀",这是与中国特有的"绅士"一词相符合的。(平野:《共产党宣言日译本的嚆矢》,《社会评论》杂志,昭和 23 年即 1948 年 2、3 月号。)

三

明治时代日本有关社会主义的代表性文献《社会主义神髓》全书共分七章。

第一章《绪言》指出,"殖产革命"(产业革命)的结果,生产力有了飞跃的发展,“近代文明的华美和光辉灿烂”呈现了“壮观”;但另一方面,内部矛盾也随之加剧,“人类的痛苦和饥寒,日深月甚”,人民大众的贫困,中小企业的破产,社会矛盾的扩大,造成了富者愈富、贫者愈贫的局面;然后提出了一系列的问题:“伟大的产业革命的成果果真不能符合于人道、正义与真理吗?”“这怎能叫做真理,怎能叫做正义,怎能叫做人道呢?”“唉,唉,到底谁能解答这个谜语呢?”

第二章探究“贫困的原因”,他说:“近来财富的分配越来越集中于一部分人手里,贫富越来越悬殊”的原因,在于一切生产机关(即生产资料)——资本和土地为资本家、地主所垄断。“是因为他们(劳动者)没有任何生产资料,换言之,即没有资本,没有土地”,“治疗的办法”“只有把一切生产资料从地主、资本家手中剥夺过来,移交给社会人民公有”——这就是“‘近代社会主义’又称‘科学的社会主义’”的根本精神。

第三章《产业制度的发展》,从马克思的唯物史观(《政治经济学批判》序言)的公式[①]出发,对人类历史做了概括说明:各个时代的经济,由于生产和交换方式的变化而分成不同阶段,并且合乎规律地由原始共产社会而奴隶制社会而封建社会而资本主义社会地向前发展。

接着,他对资本主义社会进行分析,并指出这个社会的基本矛盾,资产阶级与无产阶级的“阶级斗争”,资本的“集中”,由于生产的无政府状态引起的危机的周期性爆发以及工业预备兵(产业预备军)的产生。在这里,他把 value 一词译成“价格”,固然不够正确,但是指出了作为商品的劳动力创造“价格”(应该是“价值”),简单地而又正确地说明了“剩余价值”。接着指出,由于生产过剩和危机的影响,使资本积累和企业集中,发展为“同业者大联合”和“托拉斯”的形式,而在“世界各国的产业几乎全部为托拉斯所垄断”的垄断资本主义阶段,社会的生产与资本家的占有之间的矛盾,就达到了顶点。

这一章的结论是:“社会的生产组织的发展,终于……达到不能容许少数资产阶级存在的地步。换言之,即矛盾冲突已经达到了它的顶点。这种情况表明了资本家个人占有制无力支配生产力;同时,生产力本身也以其无比强大的威力,将彻底消灭今日社会制度的矛盾……这难道不是正导向一大转变

① 参看马克思:《政治经济学批判》,1955 年人民出版社版,第 I—V 页。

吗？难道不是已经面临一大破裂的危机吗?”

第四章《社会主义的主张》，指出了社会主义有四个基本原则。

第一个基本原则是“物质生产资料即土地和资本归公有”。他说：

“近代社会主义主张土地资本归社会全体人民公有，主张全体人民均沾由此产生的利益，并且还主张废除向来具有经济意义的地租和利息。”

“资本集中合并的结果就必然使各种企业尽变成垄断企业。……现在的问题是，让这些垄断企业仍然归少数阶级私有呢，还是把它们收归社会公有而加以统一呢？二者必居其一。”

国家资本主义就是这种资本主义转化的过渡阶段，但秋水还未能提出这一点。（列宁在1915年写的《帝国主义是资本主义的最高阶段》一书的第九章和1917年写的《国家与革命》一书的序言中，才明确了这一点。）

第二个基本原则是“生产的公营”。他说：

“社会主义不但要对生产资料实行公有，还要公选代表进行经营，而这种经营一定要对整个社会负责。”在这种社会主义社会里，“不仅没有失业者，同时，这还意味着任何人都必须参加劳动，因为在共同生产的情况下，没有利息，没有地租，没有游手好闲而能剥削别人劳动果实的手段。”

第三个基本原则是“社会收入的公平分配”。

“除了首先把收入的一部分充作生产资料的保养、扩充、改进以及后备之用外，其余部分应该全部分配给社会全体成员，供其消费。……在社会主义制度下，任何人从出生到死亡，不但享有对疾病、灾祸、衰老的保险，而且享有受教育、娱乐及其他一切需要的保险。”

关于公平分配的标准，他不同意分配物的数量和质量必须完全一样的巴贝夫的主张，也不同意按照技能贡献的高低给以不同报酬的圣西门的主张，而是采取了按需分配的路易·勃朗的主张。但关于从社会主义过渡到共产主义，以及共产主义社会的不同发展阶段的问题，没有加以说明，这在当时也是不可能的。

第四个基本原则是：“社会收入的大部分归个人私有”，供“每个人消费”。他说：

“社会生产的目的虽然完全是为了满足我们的需要”，但不必要都归私有，“如学校、公园……图书馆、博物馆等，都是作为公有财产……让人们自由使用。”“将来经济组织更加统一，社会道德更加提高以后，就将共同使用社会收入。”

在这社会主义社会里，“每人为社会提供力所能及的劳动，社会为每人生产必要的衣食。有分配而无商业。有计划而无投机。有协作而无争斗。哪里会有生产过剩呢？哪里会有危机的袭击呢？人类决不受财富支配，而能充分支配财富。”

第五章《社会主义的贡献》的结论：“社会主义一方面是民主主义，另一方面又意味着伟大的世界和平主义。”这句话，真可以说是本书最出色的名言。他又说：

“从一方面说，社会主义就是民主主义，就是人民自治。”“社会主义不依靠国家的保护和干涉，不仰赖少数阶级的慈善施舍。这种国家是全体人民的国家，政治是全体人民的政治。”——因为这是为最大多数人民服务的、人民自己的、由人民掌握的政治，所以是民主主义的最高形式。

另一方面，社会主义又是伟大的世界和平主义。

“社会主义不但不承认今日国家的权力，而且坚决反对军备和战争。军备和战争是今日‘国家’用来保卫资本主义制度的‘铜墙铁壁’，多数人类为此遭受了重大的牺牲。……战争一旦爆发，就要耗费多少亿国帑，牺牲千万人命，国家社会的疮痍永远不得平复，只‘赢得’少数军人的功名和投机商人的利益而已。人类的灾难祸害，难道还有比这个更甚的吗？”

“如果世界各国没有地主和资本家阶级，没有贸易市场的竞争，物产丰富，分配公平，人人各自安居乐业，还要为谁扩充军备，为谁发动战争呢？这些悲惨的灾难祸害，将为之一扫而空，天下一家的理想也将得以实现。”

四

读者应该特别重视的是，附录中《社会主义与国家》、《社会主义与公民立法》、《社会主义与妇女》几篇文章。

第一，他在这里已经引用了恩格斯所说的作为统治阶级权力机关的国家的消亡。

第二，他在《社会主义与妇女》一文中，反对从来的社会制度把妇女作为男子的玩物，主张唯有实行社会主义才能解放妇女，使之具有独立的人格。

第三，如果要为占人民大多数的劳动人民的利益而贯彻民主，那么，仅仅实行议会代议制，还是难以达到目的。所以秋水从很早以前就主张实行公民投票(referendum)和修改宪法的公民创制权(initiative)。当时，即使在美国也很少采用这种市民的民主主义最高形式，第一次规定人民对于官吏有罢免权的是1908年俄勒冈州通过的一项法律。

然而，秋水主张实行"公民投票"和"公民创制权"，是在1903年。而且这就是为了摧毁日本的专制主义。第二次世界大战后人民民主主义各国的宪法，不是实行间接的民主，而是实行直接的民主，所以这种公民投票和公民创制权被广泛地采用了(德意志民主共和国宪法第八十一条以下条款)。这和日本一部分人高唱复古的滥调，甚至主张废除宪法中仅有的关于修改宪法、审查最高裁判所法官审判(日本宪法第九十六条、第七十九条)的公民投票的情况，正好相反。现在的这些日本人对于四十年前的秋水，能不为自己的反动行为而感到惭愧吗?

五

在四十年后的今天，从社会科学已经进步的观点来指摘本书的缺点，并不困难。本书第一至第三章关于经济的理论以及对社会经济史的理解，非常肤浅，这是因为当时日本资本主义还不够发达，社会科学的研究还不够深入。秋水因为没有掌握辩证唯物主义，以致把唯物史观曲解为进化论；因为不了解作为社会发展动力的阶级斗争的意义，以致具有社会主义自然成长论的倾向，从而对无产阶级的历史任务缺乏认识。(盐田庄兵卫:《幸德秋水选集》第2卷解说。)

但秋水在那时已经明确地把握了社会变革的必然规律(本书第七章《结论》)，讨论了经济发展的诸规律，开始正确地分析资本主义社会，指出了资本主义最后阶段的帝国主义的崩溃(《帝国主义的衰运》,《选集》第2卷，第24页以下)。他这明敏而锐利的预见，是来自他作为革命家所具有的直觉的敏锐性。

今天在暴风雨般地发展着的苏联的社会主义生产、共产主义社会发展的第一阶段，斯大林在《社会主义经济问题》(1952年)一书中已经做出了明确的理论的阐述，社会主义制度下的经济规律的性质，商品生产，价值规律，还有秋水所不可能探讨的消灭“城市与乡村”、“脑力劳动与体力劳动之间的对立”等问题，正在得到解决。在这个时候，我们日本为了整理以往的理论，也有必要再次重温为日本奠定了社会主义理论基础的《社会主义神髓》这本书。

到现在为止已经出版的秋水的著作有：平野义太郎编《幸德秋水选集三卷》（世界评论社，昭和 25 年即 1950 年），第一卷包括《兆民先生》等篇，第二卷包括《社会主义神髓》、《长广舌》、《共产党宣言》，第三卷包括《平民主义》；龙吟社版《秋水三名著》（昭和 22 年即 1947 年），除了《神髓》以外，还包括《神愁鬼哭》。传记方面有：丝屋寿雄的《幸德秋水传》（三一书房，1950 年）；社会经济劳动研究所编《幸德秋水评传》（伊藤书店，1947 年）；师冈千代子著《关于我的丈夫幸德秋水的回忆》（东洋堂，昭和 21 年即 1946 年）。关于“大逆事件”的著作有：渡边顺三著《幸德事件的全貌》（社会书房，1947 年）；宫武外骨编《大逆事件颠末》（龙吟社，昭和 21 年即 1946 年）；神崎清编《狱中手记》（《大逆事件记录》第 1 卷，实业之日本社，昭和 25 年即 1950 年）。

（1952 年 12 月 7 日）

图书在版编目(CIP)数据

社会主义神髓/(日)幸德秋水著;马采译.—北京:商务印书馆,2017

(汉译世界学术名著丛书:120年纪念版:珍藏本)

ISBN 978-7-100-14458-2

Ⅰ.①社… Ⅱ.①幸… ②马… Ⅲ.①政论—日本 ②社会主义—研究 Ⅳ.①D731.309

中国版本图书馆CIP数据核字(2017)第154815号

汉译世界学术名著丛书

(120年纪念版·珍藏本)

社会主义神髓

〔日〕幸德秋水 著

马 采 译

商 务 印 书 馆 出 版

(北京王府井大街36号 邮政编码100710)

商 务 印 书 馆 发 行

北京市十月印刷有限公司印刷

ISBN 978-7-100-14458-2

2017年12月第1版　　开本710×1000 1/16

2017年12月北京第1次印刷　　印张5½

定价:28.00元